Ravensburger Taschenbücher
Band 921

Josef Guggenmos

Ich hab's mit eigenen Ohren gesehn

Verrückte Geschichten und witzige Gedichte für Kinder

Zeichnungen
von Eva Johanna Rubin
Mit einem Nachwort
von Hans-Joachim Gelberg

Otto Maier Verlag Ravensburg

Als Ravensburger Taschenbuch erstmals erschienen 1970
(frühere Bandnummer 178)
Neuausgabe 1984
Lizenzausgabe mit Genehmigung des
Georg Bitter Verlages, Recklinghausen

Für die Ravensburger Taschenbücher ausgewählt und mit
einem Nachwort versehen von Hans-Joachim Gelberg

Umschlagentwurf (unter Verwendung einer Innenillustration
von Eva Johanna Rubin): Walter Emmrich

Druck und Verarbeitung: Ebner Ulm
Printed in Germany

8 7 6 5 4 88 87 86 85 84

ISBN 3-473-38921-8

Inhalt

Quellenhinweis

Der Auswahl liegen folgende Werke von Josef Guggenmos zugrunde:
„Ein Elefant marschiert durchs Land" (E);
„Sieben kleine Bären" (B);
„Immerwährender Kinderkalender" (I);
„Warum die Käuze große Augen machen" (K);
„Was denkt die Maus am Donnerstag?" (M);
„Wer nie ein Nilpferd gähnen sah" (N);

Einige Texte wurden den von Hans-Joachim Gelberg herausgegebenen Anthologien „Die Stadt der Kinder" (S) und „Kinderland Zauberland" (Ki) entnommen.
Texte ohne Quellenhinweise wurden in der Taschenbuchausgabe von 1970 erstmals veröffentlicht.

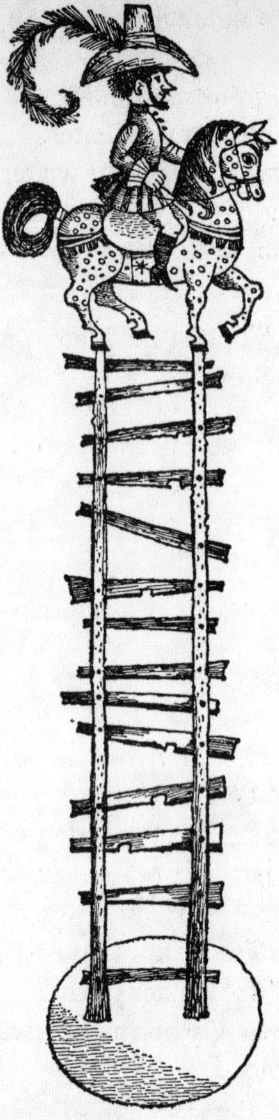

Morgens um zwölf

Es war einmal ein Reiter,
der ritt hinauf eine Leiter.
Die Leiter führte nicht weiter.
Sie stand nur in der Luft herum.
Da schauten Roß und Reiter stumm.
Drauf ritt der Reiter kopfunter
drüben wieder hinunter.

Das ist frühmorgens um zwölf geschehn.
Ich hab's mit eigenen Ohren gesehn.

Gespräch der Fische

Tausend Tropfen tupften auf den See von Tippeltappeltoppel, auf den See von Tippeltappeltoppel tupften tausend Tropfen.
Das muß man hundertmal geschwind hintereinander sagen. Denn so viel und so schnell regnete es auf den See von Du-weißt-schon-wo.
„So ist's recht!" sprach der Hecht.
Und alle anderen Fische im See waren genau der gleichen Meinung.
„Regnen soll es, regnen!"

„Den ganzen Tag und die ganze Nacht!“
„Bis der See überläuft!“
„Bis das Wasser in die Straßen von Tippeltappeltoppel rinnt!“
„Bis es in alle Häuser steigt!“
„Und in alle Geschäfte!“
„Und in die Schule!“
„Dann werden wir durch die Straßen schwimmen“, sagte der Barsch. „Und durchs Fenster ins Klassenzimmer!“
„Denn die Schule“, sagte der Karpfen, „ist der lustigste Ort von der Welt. Sonst liefen die Kinder nicht alle Tage hinein!“
Und alle Fische freuten sich schon aufs Hochwasser. Und auf den Besuch in der Schule.
Doch was sagte da die Forelle? „Es wird wieder helle!“
„Das ist mir gar nicht recht!“ sprach der Hecht.

Papperlapapp

Ein Frosch wanderte von einem Weiher zum andern.
Er war vergnügt und machte große Sprünge.
Aber da kam ein Wiesel, das Unsinn im Kopf hatte, und rief: „He du, laß mich aufsitzen!"
Der Frosch entgegnete: „Du hast selber vier Beine!"
Doch das Wiesel sprach:

„Ich bin zu müde, ich bin zu faul.
Du mußt mich tragen, du bist mein Gaul!"

Und der kleine Frosch mußte das große Wiesel tragen.
Ein Fuchs sah die beiden. Er hätte zu dem Wiesel sagen sollen: „Steig ab, laß den armen Frosch in Ruhe!" Tat er das? Nein! Statt dessen setzte er sich dem Wiesel auf den Rücken. Nun mußte der arme, kleine Frosch auch ihn noch tragen.
Und es kam noch schlimmer. Ein Bär sah, wie der

Frosch sich plagte. „Oh, Gelegenheit zum Reiten!" rief er.
„Ich kann dich nicht auch noch schleppen!" klagte der Frosch.
„Kannst du die beiden tragen, kannst du auch mich noch tragen", sagte der Bär und setzte sich auf den Fuchs.
Ein jeder, der die drei auf dem Frosch sitzen sah, schüttelte den Kopf und rief: „Das ist nicht recht!"
Der Frosch, er ächzte: „Ihr seid mir zu schwer!"
Der Frosch, er stöhnte: „Ich kann nicht mehr!"
Aber sooft der arme, kleine Frosch jammerte und die drei abzusteigen bat, riefen sie nur: „Papperlapapp!" Nein, sie hatten kein Erbarmen, sie stiegen nicht ab, der arme, kleine Frosch mußte sie tragen. Und das wurde ihm sauer, das darfst du mir glauben.
Erst, als sie an den Rand des Weihers kamen, riefen die drei: „Halt!"
Aber jetzt sagte der Frosch: „Papperlapapp!" Und sprang mit seinen drei Reitern ins Wasser.
Er war im Wasser, er hatte sie los. Bei den andern war der Schrecken groß. Sie schluckten Wasser, sie spuckten Wasser. Sie zappelten um ihr Leben.
Sie kamen mit knapper Not heraus.
Und trotteten tropfnaß nach Haus.
Wie vierzehn Tage Regenwetter, so schauten sie drein.
Haben wir Mitleid mit ihnen? Nein!

Die große Wut

Eine Ameise ärgerte sich über eine Eiche. Sooft sie eine Tannennadel nach Hause schleppte, stand ihr die Eiche im Weg. Jedesmal mußte sie um die Eiche herumgehen. Sie war es leid! Sie hatte es satt! Sie platzte fast vor Wut (du weißt gut, wie das tut).
Die Ameise rief: „Geh weg!"
Aber die Eiche, die dicke, alte, blieb stehen, wo sie seit hundert Jahren stand. Sie rückte nicht auf die Seite, nicht einen Zentimeter.
„Ich gebe dir vierundzwanzig Stunden Zeit!" rief die Ameise. „Morgen um die gleiche Zeit komme ich wieder. Und stehst du immer noch da, dann — nimm dich in acht! — werfe ich dich um, daß es kracht!"
Morgen um diese Zeit wollen wir gehen und sehen, wie sie es macht.

„Nicht zu glauben!" gurrten die Tauben.
Aber es stimmte doch. Sie ließen es sich nicht nehmen, sie gingen alle drei auf den Faschingsball: das Schwein, das Schaf und die Ente.
Das Schwein ging als feiner Herr mit blütenweißer Weste und tadellosem Frack.
Das Schaf ging als zünftiger Räuber.
Die Ente ging als Dame.
„Man wird euch kennen!" meinten die Hennen.

Darauf sprach das Schwein im Frack nichts als: „Pack!"
Dann gingen die drei aus dem Hof und schritten die Straße hinunter, die zum Wirtshaus führte.
„Wer sollte uns kennen?" fragte das Schaf keck unter seinem verwitterten Schlapphut hervor.
„Niemand!" erklärte das Schwein. „Wenn nur die Ente nicht schnattert. Damen schnattern nicht, und wenn die Ente sich vergißt und in ihr ewiges Schnattern verfällt, ist alles verraten."
„Wie soll ich, wie werd' ich, was denkt ihr von

mir!" schnatterte die Ente, und dann hielt sie den Schnabel, um sich im Stillsein zu üben. Aber da kamen aus einem Haus vor ihnen drei Gestalten: ein Cowboy, ein Wolf und eine Hexe.

„Oh!" rief das Schaf und blieb erschrocken stehen.

„Aber ich bitte dich", sagte das Schwein, „die sind doch nicht echt."

„Ach, ich weiß nicht..." meinte das Schaf verzagt.

„Du kannst völlig unbesorgt sein", sagte das Schwein beruhigend, „und übrigens..."

Während sich das Schwein noch überlegte, was es übrigens noch sagen wollte, legte es sich in Gedanken mit seiner blütenweißen Weste in eine große Pfütze.

„Was machst du, was tust du, wie siehst du aus!" schnatterte die Ente. „Ein feiner Herr willst du sein? Alles andere bist du! Schau dich nur an! So können wir nicht mit dir auf den Ball! Unmöglich! Ausgeschlossen!"

Die Ente schnatterte und schnatterte. Sie schnatterte auf dem ganzen Heimweg. Und die anderen zu Hause hörten sie schon von weitem.

„Aha!" sprach der Hahn. „Da kommen sie wieder an!"

Warum trägt der Fuchs keinen Schlips?

Warum trägt der Fuchs keinen Schlips?
Aber an Fasching macht er sich hübsch.
Da hab ich ihn laufen sehn hinter Ybbs,
den Fuchs, den Hallodri,
mit Schlips und mit Schwips.

Schwimm, Schwan, schwimm!

Zum Schnellsprechen

Schwan, weiß wie Schnee,
schwimm über den See!
Schwimm, schwimm, Schwan!
Schwimm zu uns heran!

Schwan, schwimm, schwimm!
Schwimm, Schwan, schwimm!
Schwimm, schwimm, Schwan! –
Da kommt er bei uns an.

Klavier, Klafünf, Klasieben

Wir haben ein Klavier,
auf diesem spielt ein Tier.
Es spielt darauf die Ente,
sie tut, als ob sie's könnte.

Du sollst dich nicht betrüben,
Klavier, Klafünf, Klasieben:
Laß die Ente Ilsebill
auf dir watscheln, wie sie will,
heute am ersten April!

So geht es in Grönland

Ein Eskimomädchen
mit blauschwarzem Haar
steckt sein Stupsnäschen
aus einer Schneehaustür
und ruft:
„Ein Mercedes!"

Alles stürzt zu ihr.
Rings liegt Grönland weiß und still.
Das kleine Mädchen schreit:
„April, April!"

„Sie ! ! !"

Durch unsre Gegend spazierte,
die Landschaft mit Tritten verzierte
ein Saurier, hoch und dick
wie eine Fabrik.

Mir blieb die Spucke weg:
Solch ein Vieh!
Doch als er mir durch die Radieschen marschierte,
da rief ich: „Sie ! ! !"

Die Nase

In dem Städtchen Lirpa lebt ein Mann.
Diesen Herrn ziert eine solche Nase,
daß er keine Türe öffnen kann.
Er erreicht sie nicht, trotz allem Eifer!
Denn die Nase stößt von weitem an,
und er selbst steht traurig fern
einen Meter vor dem Fußabstreifer.

Wick

Hinter Idaroberstein,
hör zu und laß dir was sagen,
sitzen drei Zwerge
vor dem Berge
und reden von alten Tagen.

Der erste heißt Schnack,
der zweite heißt Schnick,
der dritte heißt
Schnigelschnagelguckgagelzibelzabeldiwick.

Manche Herrn
und gewisse Damen
lernen nie seinen Namen.
Nein.
Aber du,
wenn du ihn triffst,
sagst einfach: „Tag, Wick!
Weißt du mir einen Edelstein?"
Dann schenkt er dir ein schönes Stück.

So ein Kerl
ist Schnigelschnagelguckgagelzibelzabeldiwick.

Annett

Ich kannte eine Annett,
die sprang vom Dreimeterbrett.
Die hat sich alles getraut,
der hat es vor gar nichts gegraut
außer vor Pudding mit Haut.

Susi Sausewind

Kennst du Susi Sausewind?
Alles geht bei ihr geschwind,
geht so flink-flott-sausend-brausend:
„Eins, zwei, drei, vier, fünf, sechs, tausend",
so zählt Susi Sausewind.

Zwei auf einem Sessel

Eine Reißzwecke, die
lag bequem
auf einem Sessel.
Außerdem
machte sich darauf bequem
der dicke Herr Wessel.

Herr Wessel rief: „Iii!"
und stand auf,
so schnell wie noch nie.

Halb so schlemm

Es war mal eine Kateze,
die hatte so ein Gefühl.
Da sagte Doktor Gripsgrari:
„Sie haben ein e zuviel!"

Er putzte seine Brille
und räusperte sich: „Ha hemm!
Ich muß Sie operieren,
das ist nur halb so schlemm."

Der Doktor nahm die Schere
und schritt zur Operation.
Die Türe war offen geblieben,
da lief das e davon.

Es rannte über die Straße,
ei guck, in Hausnummer neun.
Gripsgrari mit der Schere
kam bald drauf hinterdreun.

Er ging hinein und fragte:
„Ist hier vielleicht ein e...?"
Da saß eine Tanete,
die nähtetetete.

Margrete, die Tanete,
sie sah ihn strafend an
und sprach zu ihm: „Sie Schlimmer,
das geht Sie gar nichts an."

Sie stach ihn mit der Nadel.
Der Doktor rief: „Ha hemm!"
Und ging nach Haus und sagte:
„Ist alles halb so schlemm."

Der kleine Bär machte einen kleinen Spaziergang, früh am Morgen. Die Vögel sangen. An allen Zweigen blinkte und blitzte der Tau. Alles war fröhlich. Der kleine Bär war es auch. Als der kleine Bär müde wurde, setzte er sich auf einen kleinen, runden Hügel, der war weich wie ein Kissen.

Aber gleich sprang der kleine Bär wieder auf, ganz entsetzt. Er hatte sich auf einen Ameisenhaufen gesetzt. Der kleine Bär ging weiter und war nur noch halb so froh.

Er ging, bis ihn der Rücken juckte. Dann blieb er stehen und rieb seinen Buckel an einem Baum.

Da rief von oben jemand: „He du!"

Auf dem Baum saß ein Eichhörnchen. Das schrie herab: „Läßt du's gleich bleiben, deinen Buckel an meinem Baum zu reiben!"

Der kleine Bär rief hinauf: „Warum? Davon fällt dein Baum noch lange nicht um!"

Aber das Eichhörnchen rief: „Marsch, fort, du Tropf! Sonst werf' ich dir Tannenzapfen auf deinen dicken Kopf!"

Da ging der kleine Bär zu einem anderen Baum und rieb sich dort seinen Buckel. Aber jetzt machte ihm das Buckelreiben keinen Spaß mehr.

Nichts auf der Welt machte dem kleinen Bären noch Spaß. Er ging nach Hause und ließ den Kopf hängen.

Als der kleine Bär so traurig nach Hause kam, fragte ihn der große Bär nach seinem Kummer.
Der kleine Bär erzählte, was ihm zugestoßen war.
Der große Bär sagte: „Das ist vorbei und vorüber, denk nicht mehr daran! Der Tag hat noch viele schöne Stunden."
Aber der kleine Bär ließ noch immer seinen Kopf hängen. Der war vor Ärger zentnerschwer.
Da sagte der große Bär: „Jetzt gib acht!"
Und er holte das dicke Arzneibuch herbei. Das hatte ein berühmter Bärendoktor vor hundert Jahren verfaßt. Hatte er auch ein Mittel gegen Kopfhängen aufgeschrieben? Aber ja. Da stand es genau:
MAN SCHLAGE SIEBEN PURZELBÄUME!
Der kleine Bär schlug sieben Purzelbäume im Moos.
Da war er seinen Ärger los.

Gelogen

„So schnell kriegt mich hier keiner mehr hoch!"
sprach ein müder Wandrer mit Schnaufen.
So sagte er. Und setzte sich
auf einen Ameisenhaufen.

Amalia und Eulalia

Die Schnecke Amalia und die Schnecke Eulalia wohnten tausend Meter voneinander. Tausend Meter weit, das ist für Schnecken schon fast wie in einem anderen Land. Aber alle Feiertage besuchten sich die beiden Schnecken doch.
Als Amalia an Ostern zu Eulalia kam, sagte sie: „Ich weiß eine Geschichte. Paß auf! Es war einmal ein ..."
„Ach!" rief Eulalia. Sie gehörte nämlich zu denen, die den Mund nicht halten können.

„Nein, ein Bach“, sagte Amalia. „Es war einmal ein...“
„Hu!“ rief Eulalia.
„Nein, keine Kuh“, sagte Amalia. „Es war einmal ein...“
„Oh!“ rief Eulalia.
„Nein, kein Floh“, sagte Amalia. „Es war einmal ein...“
„Ei!“ rief Eulalia.
„Nein, keine zwei“, sagte Amalia. „Es war einmal ein...“
„Ah!“ rief Eulalia.
„Nein, kein... kein...“, sagte Amalia. „Ach du liebes Salatblatt! Jetzt weiß ich nicht mehr, was nicht war. Und was war, habe ich auch vergessen. Außerdem ist es Zeit, daß ich ans Heimkriechen denke; der Weg ist weit. Aber wenn uns bis Pfingsten kein Vogel aufgepickt hat, und wenn mir bis dahin die Geschichte wieder eingefallen ist, und wenn du mir dann nicht immer dreinredest, erzähle ich dir die Geschichte bei unserm nächsten Besuch!“

Das Haus der Tiere

An der Ecke vom Speckplatz zur Hafnergasse steht ein lila Haus. In diesem lila Haus wohnen lauter Tiere. Im Erdgeschoß wohnt Frau Maus, im ersten Stock wohnt Major Hund, im zweiten Stock wohnt Fräulein Kalb, und in der Mansarde unter dem Dach wohnt Herr Gaul.

Einmal in der Frühe kamen wir vorbei und riefen: „Guten Morgen, wie habt ihr geschlafen?"

Da ging das Fenster im Erdgeschoß auf, und Frau Maus piepste: „Kein Auge habe ich zugemacht. Die ganze Nacht hat Major Hund über mir gejault."

Da ging das Fenster im ersten Stock auf, und Major Hund bellte: „Was soll ich nicht jaulen, wenn auf meiner Zimmerdecke Fräulein Kalb über Tisch und Stühle springt."

Da ging das Fenster im zweiten Stock auf, und Fräulein Kalb blökte: „Ich habe mir nur die Zeit vertrieben, weil über mir Herr Gaul mit seinen Hufen so trampelte, daß ich nicht schlafen konnte."

Und da ging das Mansardenfenster auf, und Herr Gaul wieherte herab: „So, so. Das muß ich wohl im Traum gemacht haben!"

Glück gehabt

Das Wetter war schön. Eine Ameise ging
spazieren durch den Zoo.
Da setzte sich der Elefant
auf seinen dicken, na-jo.

Auf seinen dicken Du-weißt-schon-wen.
Da rief sie erschrocken: „Oh!“
Er hätte sich fast auf sie gesetzt.
Doch fehlte noch
ein Millimeter oder so.

Da war sie aber froh.

Flanke

Ein wilder Stier,
ein starkes Tier
mit Hörnern vorn
und einem dicken
Bauch voll Zorn
war hinter mir.

Da – ein Zaun.
Ich – Flanke! – drüber.
Ja, da glotzt du!
Mach's nach, mein Lieber!

Der Riese Mausbiskauz

Wenn zwei zusammenhalten, bringen sie viel zuwege. Mehr als man denkt. Das hat ein Drache erfahren, damals vor tausend Jahren.

Zu jener Zeit lebten noch Bär, Luchs und Wolf, Wildschwein und Hirsch in dem großen Buchenwald draußen hinter Dagobertshausen. Dazu hundert andere Tiere. Und auch das eine mit den langen Ohren und dem kleinen Schwänzlein, du kennst es schon.

Eines Tages machte sich das Häslein auf, um über den Eichberg zum Erlengrund zu hoppeln, denn dort wohnte sein Bäslein mit dem hübschen Näslein. Aber nicht lange, dann kam es zurück. Was sage ich, eine Kugel kollerte in sausender Fahrt den Eichberg herab, und als sie unten in den Farnen zum Stehen kam, da war es der Hase.

Der Eber, der in der Nähe stand, fing an zu lachen: „Ho, ho, ho!" Er lachte, daß seine borstige Schwarte wackelte: „Ho, ho, ho! Unser Angsthase! Hat ein Heupferd gehustet? Ho, ho, ho, ho, ho!"

Aber es hatte kein Heupferd gehustet. Die vielen Tiere, die das Gelächter des Ebers herbeigelockt hatte, wurden sehr nachdenklich, als der Hase zu erzählen begann.

„Der Drache!" keuchte er. „Der Drache! Drüben im Erlengrund wütet der Drache! Er frißt jeden, den er erblickt! In wenigen Stunden wird er bei uns sein!"

„Der Drache, der Drache!" flüsterten hundert erschrockene Stimmen.
Doch der Hirsch hob sein Haupt und fuchtelte drohend mit seinem vielzackigen Geweih durch die Luft: „Soll er kommen! Ich bin begierig, seine Bekanntschaft zu machen!"
Und der Bär richtete sich zu seiner ganzen Größe auf und erklärte mit dröhnender Stimme: „Ich werde ihm zum Gruß meine Hand aufs Haupt legen!" Und um zu zeigen, wie er sich das dachte, ließ er seine Pranke niedersausen, daß der Wolf, der neben ihm stand, erschrocken zur Seite sprang.
Aber dann wurde er sehr still, der Bär. Denn der Hase berichtete: „Ich habe deinen Vetter, den Bären vom Erlengrund, gesehen. Er scheint von auswärts gekommen zu sein. Wie er so dahintappte, kam er vor eine Höhle und ging hinein. Er brauchte sich nicht einmal zu bücken, so groß war der Eingang. Doch kaum war er drin, da schloß sich die Höhle. Es war der Rachen des Drachen gewesen."
Alle versammelten Tiere schauten auf den Bären und auf den Hirsch.
Der Bär zeigte plötzlich kein Verlangen mehr, den Drachen zu begrüßen.
„Ach", stieß er hervor. „Nun habe ich tatsächlich vergessen, daß mein anderer Vetter, der hinter den sieben Bächen, Geburtstag hat. Ich muß gehen, sonst essen sie alle Honigwaben alleine."
Der Bär machte sich davon. Erst ging er langsam,

aber dann, als er dachte, daß man ihn nicht mehr sehen könne, begann er plötzlich zu rennen.

Da fiel auch dem Hirsch ein, daß er heute einen dringenden Besuch bei einem fernen Verwandten zu machen hatte.

Als die anderen Tiere sahen, daß Bär und Hirsch den Drachen nicht zu erwarten wagten, gab es kein Halten mehr. Alles stürzte in wilder Flucht davon. Das Trippeln und Trappeln, das Springen und Rennen der vielen hundert Füße hörte sich an wie Hagel, der sich weiter und weiter in die Ferne verzieht. Schließlich war alles still.

Stille, Totenstille war eingekehrt im Buchenwald. Nicht einmal das Piepen eines Vögleins war mehr zu vernehmen. Denn die Furcht vor dem Ungeheuer hatte sogar die Vögel angesteckt, auch sie waren geflohen. Nur ein Mäuslein kam aus seinem Loch und spielte auf dem Waldboden.

Das Mäuslein hatte die Versammlung der Tiere mitangehört. Doch es hatte beschlossen zu bleiben. Mit seinen kleinen Beinen konnte es keine weite Reise machen. Wenn der Drache kam, wollte es sich in sein Loch verstecken.

Es wurde Abend. Die Dämmerung breitete sich aus. Da fühlte sich die Maus plötzlich gepackt. Erschrokken schaute sie auf. Der Kauz hatte sie in seinen Krallen.

„Du bist da?" stieß die Maus entsetzt hervor.

„Warum soll ich nicht da sein?" knurrte der Kauz.

„Alle andern sind fort. Weißt du es nicht?"
„Nichts weiß ich", sagte der Kauz, der seit dem Morgen auf einem Baum geschlafen hatte.
„Alle andern sind geflohen", rief die Maus. „Nur wir beide sind noch übrig. Wir müssen zusammenhalten."
„Gut", sagte der Kauz und ließ die Maus frei. „Aber was ist geschehen?" Die Maus erzählte vom Drachen, der jeden Augenblick erscheinen könne.
Da nahte auch schon, vom Eichberg herab, ein unheimliches Ächzen und Schleifen, ein Rauschen von Zweigen und ein Brechen von Büschen. Der Drache schob sich heran.
Die Maus huschte in ihr Loch, der Kauz flog auf den Wipfel eines Baumes.
Es war inzwischen dunkel geworden. Der Drache, der nichts mehr sah, legte sich nieder und schlief ein.
Das kecke Mäuslein hielt es nicht lange in seinem Loche aus. Es kam vorsichtig hervor. Da sah es ganz in der Nähe etwas, was es in der Dunkelheit als ein Ohr des Drachen erkannte. Die Maus biß herzhaft hinein, dann flüchtete sie wieder in ihr Loch.
Der Drache schreckte aus seinem Schlafe auf und fauchte wild: „Wer war das?"
Im nächsten Augenblick erstarrte er zu Stein, denn hoch über ihm erscholl eine Stimme: „Ich! Ich, der Riese Mausbiskauz! Ich habe dein Ohr probiert. Du kommst mir gerade recht. Morgen werde ich dich schlachten."

Die Stimme gehörte dem Kauz. Seine Augen durchdrangen die Finsternis; er hatte die Maus am Ohr des Drachen gesehen.
Der Drache aber glaubte, ein Riese von ungeheurer Größe stehe im Dunkeln vor ihm. Er begann, um sein Leben zu laufen. Mit fürchterlichem Getöse, da und dort an Bäume oder Felsen stoßend, floh er durch die Nacht davon.
Ist er in eine Schlucht gestürzt? Ist er in einen See gefallen?
Man hat nie mehr etwas von ihm gehört.

Rosi läuft weg

Manche Kinder nehmen zum Einschlafen eine Puppe in den Arm, andere einen Teddybär. Bettina konnte nicht einschlafen, wenn nicht Rosi neben ihr auf dem Kissen lag.
Rosi war rundlich, niedlich, rosarot. Rosi war ein Sparschwein.
Ehe die Eltern zu Bett gingen, schauten sie noch einmal ins Kinderzimmer. Dann nahm die Mutter das Sparschwein aus Bettinas Bett und stellte es auf das Schemelchen, das daneben stand. Das Sparschwein war ja aus hartem Ton, und wenn Bettina sich im Schlaf daraufgelegt hätte, hätte das einen blauen Fleck gegeben.

Einmal wachte Bettina auf, mitten in der Nacht. Ein Geräusch hatte sie aufgeweckt. Da war es wieder, ein merkwürdiges Rasseln! Was konnte das nur sein? Das klang ja genauso, wie wenn Geldstücke aneinanderklappern! Jetzt wieder!

Bettina setzte sich geschwind auf. Da sah sie gerade noch, wie etwas Kleines, Rundes, Helles zur Türe hinauslief.

Sie schaute auf das Schemelchen. Wahrhaftig, es war leer! So etwas, ihre Rosi lief davon!

Ein Glück, daß die Geldstücke in Rosis Bauch solchen Lärm machten, sonst hätte Bettina geschlafen und geschlafen, und am Morgen wäre kein Sparschwein mehr dagewesen!

Bettina ging dem Geklapper nach, die Stiege hinunter, zur Haustür hinaus in den Garten.

Der Mond schien nur wenig, und Rosi trippelte so flink auf ihren kurzen Beinen dahin, daß Bettina ihr Sparschwein bald aus den Augen verlor. Aber dann

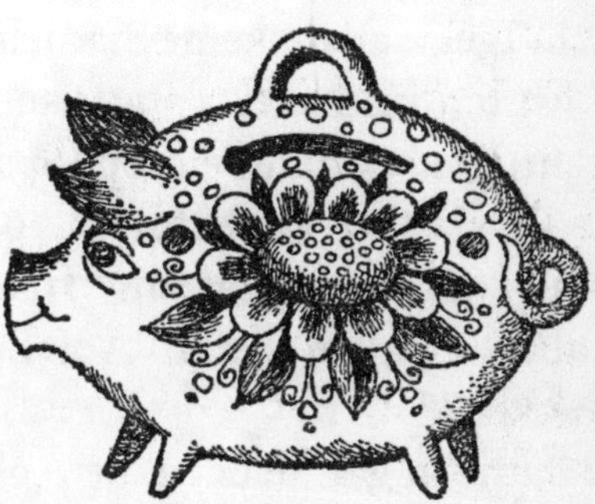

hörte sie wieder das Klappern in Rosis Bauch: kli-kla-kli-kla-kli!
Als Bettina schon ganz nahe war, machte das Geld plötzlich nicht mehr kli-kla-kli-kla-kli, sondern ganz geschwind kli-kli-kli-kli-kli-kli-kli! Rosi zitterte in höchster Angst. Unter einem Johannisbeerbusch war ein unheimliches Fauchen, Schnaufen und Niesen zu hören.
Recht geschieht dir, daß du dich so fürchten mußt, dachte Bettina. Warum läufst du mir davon! Fast hätte Bettina selber Angst gekriegt. Wer machte mitten in der Nacht im Garten einen so komischen Lärm?
Jetzt kam etwas unter dem Johannisbeerbusch hervor. Es war nicht viel größer als Rosi und auch so rund wie sie. Aber es war dunkel und glich einer wandelnden Bürste. Bettina hatte ein großes Tier oder gar einen Menschen erwartet. Nun war sie erleichtert, als sie einen Igel entdeckte.
Der Igel trippelte auf Rosi zu, stupfte sie mit der schwarzen Schnauze an und grunzte: „Was bist du für ein Igel, daß du keine Stacheln hast?"
„I-i-ich bin kein Igel", stotterte Rosi, die noch immer zitterte. „Ich bin ein Spi-Spa-Sparschwein."
„Du Gi-Ga-Gar-Keinschwein, oder wie du heißt, was tust du hier im Garten?" fragte der Igel. „Suchst du auch in allen Ecken Äpfel, Würmer, Mäuse, Schnecken?"
„Ich suche in gar keiner Ecke Äpfel, Würmer, Mäu-

se, Schnecken", entgegnete Rosi. „Mir steckt man Geld in den Bauch."
„Geld in den Bauch?" fragte der Igel ungläubig.
„Ja", beteuerte Rosi, „durch den Schlitz im Rükken."
„Durch den — was?" rief der Igel verwundert. „Ich habe mein Lebtag noch niemand gesehen mit einem Schlitz im Rücken!"
Er lehnte sich mit seinen Vorderbeinen auf ihren runden Rücken, um den Schlitz mit seinen kurzsichtigen Augen genau zu betrachten.
„Wirk-" rief er. Ehe er noch -lich! sagen konnte, erscholl ein fürchterliches Geld-Gerassel. Unter seinem Gewicht war Rosi umgekollert.
Der Igel, der auf sie draufgefallen war, hatte sich bald wieder aufgerappelt. „Du kannst einen Krach machen!" rief er. „Bemerkenswert! Sehr bemerkenswert!"
„Das kommt von dem vielen, vielen Geld in meinem Bauch", berichtete Rosi stolz. Sie lag noch immer auf der Seite und schaute mit verdrehtem Kopf zum Igel hinauf. „So viel Geld wie jetzt habe ich noch nie gehabt", erzählte sie stolz. „Vor ein paar Tagen hatte Bettina Geburtstag. Schon wochenlang vorher hatte sie allen Leuten gesagt: Schenkt mir diesmal ja keine Schokolade oder ähnliches Zeug! Wenn ihr mir etwas geben wollt, dann bitte bloß Geld! Ich spare nämlich auf ein Fahrrad. Tante Helga, Bettinas Patentante, hat sogar ein dickes Fünf-

markstück in mich gesteckt!“ Rosi versuchte, ein zufriedenes Gesicht zu machen, so gut das in ihrer unbequemen Lage ging.
„Bemerkenswert! Sehr bemerkenswert!“ rief der Igel. „Aber sag einmal, du Li-La-Daliegstdu-Schwein, oder wie du heißt, warum stehst du eigentlich nicht auf?“
„Das Geld!“ stöhnte das Sparschwein. „Das ganze viele schwere Geld in meinem Bauch ist alles auf meine linke Seite gerutscht. Jetzt muß ich immer auf der linken Seite liegen bleiben.“
Der Igel zeigte, daß er ein netter Kerl war. Er trippelte um Rosi herum, schob seine Schnauze unter ihre linke Seite und half ihr hoch – das Geld rasselte an seinen richtigen Platz zurück, und Rosi stand wieder auf ihren Beinen.
„Na, das wäre geschafft!“ rief der Igel schnaufend nach der schweren Arbeit.
„Tausend Dank!“ sagte Rosi, wie sich's gehört.
„Gern geschehn!“ erwiderte der Igel. „Aber sag einmal, du Wi-Wa-Wunderschwein, oder wie du heißt, wo willst du eigentlich hin?“
„Erstens bin ich kein Weiß-Gott-was-für-ein-Schwein, sondern ein Sparschwein“, erklärte Rosi, „und zweitens laufe ich ganz einfach irgendwohin.“
„Hm!“ machte der Igel, daß ein dürres Blatt, das auf der Erde lag, emporwirbelte. „Erstens bist du ein Sparschwein, und zweitens läufst du mit Bettinas erspartem Geld ganz einfach irgendwohin?“

„Ja, das tu ich!“ rief Rosi schmollend. „Ich hab' es satt, immer nur in der Bettecke im Kinderzimmer zu stehen. Satt! Satt! Ich will auch einmal etwas von der Welt sehen. Jawohl!“

„Das kann ich durchaus verstehen“, entgegnete der Igel. „Sparschwein, hör zu! Ich mach' dir einen Vorschlag. Komm mit mir! Im Wald habe ich eine hübsche Wohnung unter einem Reisighaufen. Da hast du gut auch noch Platz. Und am Abend gehen wir immer zusammen aus. – Du schnappst mir doch bestimmt keine Äpfel, Würmer, Mäuse, Schnecken weg?“

„Nein, ganz bestimmt nicht! Du kannst ganz beruhigt sein!“ versicherte das Sparschwein.

„Na, dann los! Geschwind hinaus aus dem Garten, bevor dich Bettina am Ende doch noch erwischt!“

Die beiden begannen zu rennen. Aber das Geld in Rosis Bauch machte nur kli-kla... Wuppdiwupp! da hatte Bettina schon zugepackt und ihre Rosi eingefangen.

„Aber, aber!“ rief Bettina. „Rosi, was soll das heißen? Ausreißen willst du mir? Das kommt gar nicht in Frage! Was hast du vorhin gesagt? Dir ist langweilig? Hör zu! Morgen darfst du mit in die Stadt, zur Sparkasse! Du mußt ohnehin dringend geleert werden, es paßt ja schon fast nichts mehr in dich hinein. Und noch etwas: Von nun an stelle ich dich tagsüber immer ans Fenster, damit du hinausschauen kannst. Bist du zufrieden?“

Rosi nickte erfreut.
„Und du, Igel!“ fuhr Bettina fort. „Was würdest du sagen, wenn ich dir jeden Abend einen Apfel oder was ich sonst Gutes habe hierher in den Garten legen würde?“
„Bemerkenswert! Äußerst bemerkenswert!“ rief der Igel vergnügt.
„Also gut, abgemacht!“ rief Bettina. „Für heute gute Nacht, Igel! – Komm, Rosi, ins Bett!“

Ausflug

Sieben kleine Bären
gingen, trippeltrappel,
durch den Wald
und hielten sich brav
bei den Vordertatzen.

Da standen
sieben kleine Katzen
bei einer Pappel
am Bach.

Und sagten: „Ach!
Wären wir drüben,
miau!“

Da nahmen die sieben kleinen Bären
die sieben kleinen Katzen
auf ihren Rücken
und sagten: „Wir sind stark,
es wird uns schon glücken."

Die Katzen machten die Augen zu
vor Ängsten.
Und der Kleinsten
war es am bängsten.

Als sie am anderen Ufer waren,
sagten die sieben Kätzlein
artig das Sätzlein:
„Wir danken schön!"

„Es ist gern geschehn!"
erklärten die Bären
und meinten auch:
„Ja, wenn wir nicht wären!"

Wozu die Ohren gut sind

Als ich aus dem Boote mich
übers Wasser beugte,
um zu sehn, was Schönes sich
in der Tiefe zeigte:

Von der Nase fiel mir da
meine schöne Brille,
machte einmal blubb-blubb-blubb,
dann war alles stille.

Mancher Fisch, der nicht gut sieht,
wird sie aufprobieren.
Steht sie ihm, kann er doch nicht
weit damit spazieren.

Brille, Brille, gutes Stück,
ich hab' dich verloren,
und dem Karpfen nützt du nichts –
er hat keine Ohren!

Das Fischlein im Weiher

Weißt du, was das Fischlein im Weiher macht,
wenn es Langeweile hat?
Es steht ganz still
im Wasser.
Und nun gib acht!

Es bläst ein Bläslein aus seinem Mund.
Das trudelt nach oben,
kugelrund,
erst langsam,
dann schneller,
und platzt.

Dann aber schickt das Fischlein
drei, vier und mehr
silberne Bläslein
dahinter her:
die trudeln geschwind,
wer das erste sei,
bis sie oben sind.

So macht es das Fischlein im Weiher.
Du meinst, das sei ein seltsamer Brauch?
Aber wenn du ein Fischlein wärst –
du tätest es auch!

Der Frosch lädt zu Besuch

In meinem Reich, im Tümpel,
ist es herrlich zu leben.
Der Tümpel liegt voller Gerümpel,
einen schönern kann es nicht geben.

Wenn du willst, sei mein Gast.
Hinabgeschwommen! Schon sind wir da.
Ein alter Schuh ist mein Palast.
Ist er nicht herrlich? Sag ja!

Wie? Horch! Hinauf, komm schnell!
Das Konzert beginnt. Wir sind auch zur Stell.
Schrei mit: Qua, qua.

Lauter! So recht mit Gewalt:
Qua, qua, qua, qua,
daß es kilometerweit schallt!

Spuren von winzigen Zehen

Was ist da im Schnee zu sehen?
Spuren von winzigen Zehen!

Eine kleine Maus,
hier kam sie heraus!
Verschwunden ist sie, husch,
in jenem Loch vor dem Haselbusch.

Zwischen den Tritten
fein
ein Strich.
Was kann's sein?
Da zog es das Schwänzlein
hinter sich drein
über den Schnee,
das Mäusemädchen Lilofee.

Jetzt sitzt es dort unten
bei seiner Kusine.
Sie erzählen sich wieder
mit erschrockener Miene,
wie das war vor drei Wochen.
Der Schrecken
sitzt ihnen noch in den Knochen.
Da hat alles gewankt, gewackelt, gekracht.
Da tobte über ihnen die Schneeballschlacht.

Lilofee spricht:
„So was vergißt man nicht!
Wie sind diese fürchterlichen Jungen
mir über dem Kopf herumgesprungen!"

Widipipsilipips
(auf ihren Namen ist sie besonders stolz)
piepst: „Ich bin auch nicht aus Holz.
Ich habe gezittert,
ich habe gebebt!
Ich hatte so was noch nie erlebt!
Diese Knaben,
das muß man sagen,
die trieben's munter!
Bei mir fiel der Verputz
von der Decke herunter.
Ich hab mir gedacht:
Gute Nacht,
die Welt geht unter!"

Lilofee
und Widipipsilipips
machen ihre Mündlein spitz
und trinken ein Schlücklein
heißen Kaffee.
Drauf erzählt Widipipsilipips
ihrer Kusine Lilofee
den allerneuesten Mäusewitz.

Es läßt sich so hübsch plaudern
im Winter
tief unter dem Schnee.

Das Häslein mit dem neugierigen Näslein

Es waren einmal drei kleine Häslein.
Das kleinste Häslein war das neugierigste. Es steckte sein Näslein hinter jeden Stein. Und hinter jeden Busch. Und hinter jeden Baum. Und als es einmal

sein Näslein in die Höhle unter einer Baumwurzel steckte, was entdeckte es da? Ein hübsches, rundes Nest aus Moos und Halmen.
Aber da flatterte ihm schon das Rotkehlchen um die Ohren: „Das ist mein Nest!"
Das Häslein hoppelte heim zu seinen Brüdern und klagte: „Das Rotkehlchen hat ein schönes, weiches Nest. Aber mich hat es nicht ein einziges Mal darin sitzen lassen!"
Als das Häslein wieder an der Baumwurzel vorbeikam, steckte es sein Näslein wieder in die Höhle. Was lag da im Nest? Ein kleines gesprenkeltes Ei.
Schon war das Rotkehlchen wieder da: „Das ist mein Ei!"
Das Häslein ging traurig zu seinen Brüdern zurück: „Das Rotkehlchen hat ein hübsches Ei. Aber ich habe nicht einmal dran schnuppern dürfen!"
Wieder kam das Häslein an der Höhle vorbei. Wieder schaute es hinein. Jetzt lagen fünf Eier im Nest. Aber schon jagte das Rotkehlchen das Häslein wieder davon: „Fort von meinen Eiern!"
Das Häslein wanderte gekränkt nach Hause und berichtete: „Das Rotkehlchen hat fünf Eier. Fünf Eier für sich allein! Und mir schenkt es kein einziges!"
Als das Häslein das nächste Mal in die Höhle schaute, saß das Rotkehlchen auf dem Nest und rührte sich nicht.
Das Häslein ging nach Hause und erzählte: „Denkt euch nur, was das Rotkehlchen jetzt macht! Der

Geizkragen hat sich ganz fest auf seine Eier gesetzt. Nicht einmal ansehen darf ich sie mehr!"
Nach einiger Zeit schaute das Häslein wieder in die Höhle. Saß das Rotkehlchen immer noch auf dem Nest? Nein, es war endlich aufgestanden und betrachtete seine fünf Eier. Die hatten alle einen Sprung.
Empört lief das Häslein zu seinen Brüdern: „Alle fünf Eier sind jetzt kaputt! Und mir hat das Rotkehlchen nicht ein einziges gegönnt!"
Das Häslein war so enttäuscht, daß es nie mehr in die Höhle des Rotkehlchens schauen wollte. Aber als es wieder an der Baumwurzel vorbeikam, ließ ihm sein neugieriges Näslein doch keine Ruhe. Und als das Häslein diesmal sein Näslein in die Höhle steckte, was erblickte es da?
Im Nest saßen fünf Vogelkinder.
Das Rotkehlchen kam eben mit Futter herbei.
„Wo hast du nur die fünf Kinder her?" fragte das Häslein.
„Die sind aus meinen fünf Eiern geschlüpft", erklärte das Rotkehlchen stolz. „Sind sie nicht lieb?"
„Ich hole geschwind meine Brüder", rief das Häslein. „Die werden staunen und sagen: So etwas Liebes haben wir noch nie gesehen!"

Der hübsche Ring mit dem roten Stein

Beim Blaubeerensuchen im Föhrenwald hatte ich ihn verloren: meinen hübschen Ring mit dem roten Stein.
Ohne meinen Ring, den hübschen Ring mit dem roten Stein, kann ich nicht leben. Ach, was bin ich gelaufen im Föhrenwald, hin und her, kreuz und quer, den ganzen Herbst!
Der Föhrenwald ist groß, mein Ring ist klein, ich konnte ihn nicht finden.
Der Winter nahte, die ersten Flocken fielen. O du mein lieber Ring mit dem roten Stein, heute kann ich dich noch finden, morgen liegst du unterm Schnee!
Und wie ich so gehe im Föhrenwald, und wie ich so gucke, da sehe ich einen bemoosten Baumstrunk, der aussieht wie eine kleine Burgruine. Die Burgruine hat einen kleinen, runden Eingang, und zu diesem wandert eine kleine graue Maus.
„Einen Augenblick!“ rief ich.
„Wie bitte?“ fragte die Maus höflich und schaute über die Schulter zu mir zurück.
„Ich habe“, begann ich, „zur Blaubeerenzeit hier im Föhrenwald einen Ring verloren, einen hübschen Ring mit einem roten Stein. – Weißt du, wer ihn gefunden hat?“
„Gefunden?“ fragte die Maus. Sie drehte sich zu mir um. „Gefunden?“ Sie setzte sich nieder. „Ge-

funden?" Sie ringelte nachdenklich das Schwänzlein um die Hinterbeine. „Gefunden?" Sie schaute angestrengt zum grauen Himmel hinauf. Doch dann hob sie erfreut die kleine Hand. „Aber ja! Natürlich! Der Kuckuck! Der Kuckuck hat ihn gefunden!"

„O du Prachtmaus!" rief ich überglücklich. „Ich könnte dich umarmen! Du weißt etwas von meinem Ring! — Der Kuckuck, sagst du? Der Kuckuck? Wo kann ich ihn treffen? Sprich, schnell!"

Doch wie bestürzt war ich über das, was ich nun von ihr zu hören bekam.

„Der Kuckuck", berichtete die Maus, „ist zur Zeit nicht im Lande. Er ist auf Reisen. In Afrika, wenn ich recht unterrichtet bin."

„Und wann kommt er zurück?" rief ich.

„Nicht vor April, soviel ich weiß."

„So lange halte ich es nicht aus!" jammerte ich.

„Du kannst ihm ja nachreisen", schlug die Maus vor. „Es wird freilich nicht leicht sein, ihn zu finden", meinte sie. „Eine genaue Adresse scheint er nicht hinterlassen zu haben."

„Ja", seufzte ich. „Und wer weiß, ob er ihn wirklich mithat!"

„Wen?" erkundigte sich die Maus.

„Meinen Ring!" klagte ich.

„Nein!" erklärte die Maus in bestimmtem Ton. „Deinen Ring hat er nicht mit. Er hat ihn ja nicht einmal aufgehoben damals. Für solche Dinge hat er keinen Sinn."

„Oh!" rief ich erleichtert. „Da kann ich mir die Afrika-Reise also sparen. Aber wer – wer hat denn meinen Ring tatsächlich aufgehoben?"

„Aufgehoben?" wiederholte die Maus. „Aufgehoben hat ihn eine der Elstern. Der Kuckuck hatte ihr von dem Ring erzählt. Und sie: nichts wie hin! Wie diese Elstern so sind."

„Aha!" rief ich. „Aber wo kann ich diese Elster finden?"

„Ich kann dir ihre Wohnung sagen", erklärte die Maus freundlich. „Sie wohnt an der Straße vom Föhrenwald nach Schnackelried, auf dem siebten Baum links. Nein, auf dem achten. Ganz oben. Vielleicht ist es doch der siebte. Du wirst es ja sehen. Es ist ein Ahorn."

„Du meinst", fragte ich und schluckte, „du meinst, ich muß da hinaufklettern?"

„Du mußt nicht", sagte die Maus großzügig. „Außer, du willst diese Elster sprechen, die damals den Ring aufgelesen hat. Sie ist allerdings selten zu Hause, und es kann sein, daß du ein paar Stunden am Nest warten mußt, bis sie heimkommt."

„Hm", meinte ich. „Es soll mir auf einige Hautabschürfungen und ein paar Löcher in meinen Kleidern nicht ankommen, wenn ich nur meinen Ring wiederkriege. Glaubst du, die Elster wird ihn mir geben?"

„Wen? Den Ring? Aber nein, den hat sie doch längst nicht mehr!"

„Ach! Und wem hat sie den Ring gegeben?"

„Gegeben? Gegegeben hat sie ihn einer Freundin, die an der Schnickelbacher Landstraße, drüben auf der anderen Seite vom Föhrenwald, wohnt. Ich glaube, diese hat ihn gegen einen Kaffeelöffel eingetauscht."

„Und diese Elster von der Schnickelbacher Landstraße, hat sie den Ring noch?"

„Nein, nein", erwiderte die Maus geduldig. „Sie hat ihn gar nicht bis zu ihrem Nest gebracht. Unter-

wegs, wie sie hier über den Föhrenwald flog, ist er ihr aus den Zehen gefallen."
„Und wo ist er hingefallen?"
„Dahin. Genau dahin, wo du jetzt stehst."
„Oh!" Ich trat erschrocken zur Seite. Ich stand doch nicht... Nein, ich stand nicht auf dem Ring.
„Und wer..." fragte ich, aufs höchste gespannt. „Wer hat den Ring von hier aufgehoben?"
„Ich!"
Ich glaubte, nicht recht gehört zu haben. „Wie?" rief ich. „Du? Du selber? Und – hast du ihn noch?"
„Ja freilich!" erklärte die Maus stolz.
„Ist's möglich!" jubelte ich. „Du selber hast meinen Ring! Warum hast du mir das nicht schon längst gesagt?"
„Du hast mich immer *ganz* andere Sachen gefragt", bemerkte die Maus treuherzig.
„Ja, das stimmt. – Aber jetzt, liebe, herzallerliebste kleine Maus, frage ich dich: Gibst du mir meinen Ring wieder?"
„Aber gern!" rief die Maus fröhlich.
Sie huschte in den bemoosten Baumstrunk, der aussah wie eine kleine Burgruine. Gleich darauf kam sie wieder heraus und brachte mir meinen Ring. Meinen hübschen Ring mit dem roten Stein.
Seither gehe ich nie in den Föhrenwald ohne eine Nuß in der Tasche. Die lege ich vor den kleinen, runden Eingang in dem bemoosten Baumstrunk, der aussieht wie eine kleine Burgruine.

Der dicke Tropfen

In der Schillerstraße neunundachtzig
sah ein Mädchen aus dem fünften Stock.
Unten ging vorbei ein Herr mit Nelken.
Der bekam auf einmal einen Schock.

Denn von Petras Backe war gekollert
eine Träne, dick und kugelrund.
Diese fiel vorbei am vierten Stockwerk
und am dritten, zweiten, ersten und

jenem Herrn mit Nelken in den Nacken.
Der erschrak und machte eilig kehrt.
Erst nach zehn Minuten kam er wieder,
aber jetzt mit einem Schirm bewehrt.

Doch nun fallen weiter keine Tropfen,
und die Mühe hat sich nicht gelohnt.
Keine Wolke ist zu sehn. Und Petra
strahlt schon wieder wie der volle Mond.

Elsibeth

Es war einmal ein Mädchen. Wie hieß es doch gleich? Elsibeth! Richtig, Elsibeth, und nicht Elsbeth oder Elisabeth oder Marianne oder Gaby oder Annemarie oder Kornelia oder Susanne. Elsibeth, und nicht anders! Nein, da braucht sich keine Elsbeth oder Elisabeth oder Marianne oder Gaby oder Annemarie oder Kornelia oder Susanne betroffen fühlen und denken, sie sei mit der Geschichte gemeint. Dabei essen sie doch alle brav, was ihnen die Mutter mit Mühe gekocht hat. Nur bei Elsibeth war das anders.

Diese Elsibeth aß nicht gern ... Ja, was aß sie eigentlich nicht gern?

Am Montag gab es Reibekuchen mit Kompott.

Elsibeth sagte: „Ich mag keinen Reibekuchen."

Als Elsibeth am Dienstag aus der Schule kam, stellte die Mutter Frikadellen für sie auf den Tisch.

Elsibeth stöhnte: „Frikadellen!"

Am Mittwoch bereitete die Mutter etwas besonders Feines: gefüllte Tomaten mit Petersilienreis.

Elsibeth klagte: „Ich will Pfannkuchen!"

Am Donnerstag brachte die Mutter Pfannkuchen mit Marmelade.

Elsibeth erklärte: „Ich mag keine Pfannkuchen!"

Am Freitag gab es gebratenes Fischfilet mit Kartoffelsalat und Mayonnaise. Elsibeth ächzte: „Schon wieder Fisch!"

Am Samstag füllte die Mutter den Teller mit goldgelbem Kaiserschmarren. Sie stellte den duftenden Kaiserschmarren vor Elsibeth auf den Tisch, dazu ein Schälchen Aprikosenkompott.
Was sagte Elsibeth? – „Ich mag keinen Kaiserschma ..."
Der Rest blieb ihr im Halse stecken. Entgeistert starrte sie dem Tische nach, der wie ein Wiesel zur Tür hinauslief und verschwand. Nach einer Weile kam der Tisch wieder zur Tür herein. Doch bevor er sich an seinen Platz stellte, trat er Elsibeth geschwind auf die Zehen.
„Au!" schrie Elsibeth. „Das hat er mit Absicht getan! Bestimmt!"
„Er wird wohl seinen Grund gehabt haben", meinte die Mutter.
„Jemand hat meinen schönen Kaiserschmarren gegessen!" stellte Elsibeth entrüstet fest.
„Dir war er ja nicht gut genug", sagte die Mutter. Sie nahm den Teller und das Schälchen vom Tisch. Beide waren leer und blitzblank. „Oh, die sind sogar schon abgespült!" sagte die Mutter. Aber dann schaute sie den Teller und das Schälchen genauer an und sagte: „Nein, sie sind nicht abgespült. Sie sind ausgeleckt."
„Ausgeleckt!" rief Elsibeth. „Pfui! Teller auslecken ist nicht fein!"
„Nein", sagte die Mutter. „Teller auslecken ist nicht fein. Aber es gibt Millionen Kinder auf der Welt,

die oft tagelang nichts zu essen haben. Zu einem solchen Kind, scheint mir, ist der Tisch gelaufen. Und wenn so ein Kind, das nicht weiß, ob es morgen oder übermorgen etwas zu essen bekommt, den Teller auch noch ausleckt, um ja nichts zurückzulassen, dann wollen wir es ihm trotz allem nicht übelnehmen. Oder?"

Einige Tage später hatte Elsibeth Geburtstag. Die Mutter hatte Elsibeths Lieblingsspeise gekocht und auf den Tisch gestellt. Elsibeth wollte schon anfangen zu essen, aber dann legte sie das Besteck wieder nieder. Sie gab dem Tisch einen kleinen Klaps und flüsterte: „Lauf!"

Das ließ sich der Tisch nicht zweimal sagen. Er huschte zur Tür hinaus.

Wieder kam er mit leerem Teller zurück. Aber als er sich diesmal an seinen Platz stellte, gab er gut acht, daß er Elsibeth nicht auf die Zehen trat.

Am Rand der Insel Kalikula

Am Rand der Insel Kalikula
saß ein Junge. Was tat er da?
Das Wasser spritzte weit umher,
er planschte mit den Füßen im Meer.
Dieses war verboten zwar,
doch er fand es wunderbar.

Da schoß herbei
ein böser Hai
und schnappte nach den Zehen.
Da konntest du was sehen!
Wie der Blitz zog der Junge die Füße ein.
Er planschte nie mehr, nein, nein, nein!

Bei uns, wir haben es besser,
schwimmt kein Hai, das Maul voller Messer.
Doch genauso schnell kommst du in Not.
Stehst du vor der Straße, denke daran:
Bei Grün darfst du hin,
bei Rot bist du tot!

Wenn ein Auto kommt

Wie es die Hühner machen,
das weißt du doch.
Sie müssen geschwind unbedingt
auf die andere Seite noch.

Daß wir wie aufgeregte Hennen
blindlings über die Straße rennen,
kann's das bei uns geben? –
Nie im Leben!

Herr Bingel mit dem Hut

Herr Bingel geht über den Rhein,
sein Hut ist neu und fein.
Herr Bingel, Herr Bingel, Herr Bingel,
der Wind ist ein schlimmer Schlingel!

Schon hat der Wind den Hut geklaut.
Herr Bingel steht betrübt und schaut.
Sein Hut, sein neuer, feiner,
wird kleiner, kleiner, kleiner.

Ein Schlepper rattert, tatüftatö,
drauf haust Familie Wasserflöh.
Der Hut fliegt her. Er hat sich jetzt
Herrn Wasserflöh aufs Haupt gesetzt.

Der Kapitän, Herr Wasserflöh,
schreit erst: „Juchheißa!“ dann: „O weh,
der Hut, so nagelneu und fein,
potz Kohlendreck, er ist zu klein!“

Er schmeißt den Hut voll Wut empor.
Der Hut fällt einem Has' aufs Ohr.
Bis zu den Zehen reicht der Hut.
Der Hase spricht: „Er steht mir gut!

Die Größe paßt genau für mich.
Kommt jetzt der Fuchs, dann denkt er sich:
Dort geht ein Hut, ein feiner! –
Aber mich sieht keiner!“

Die Elster, schwarz und weiß gescheckt,
hat bald den schönen Hut entdeckt.
Sie saust herab, ein Griff, und schon
fliegt sie mit einem Hut davon!

Mit ihrer Beute will sie heim
zum Neste hinter Bonn am Rhein.
Ein Habicht naht, er spreizt die Krallen.
Sie läßt den Hut ganz einfach fallen.

Der setzt sich sanft auf eine Glatze.
Dort ist der Hut am rechten Platze.
Er ließ sich auf Herrn Bingel nieder.
Schau an, jetzt lacht Herr Bingel wieder!

ROBO

In einem Haushalt gibt's zu tun
von früh bis spät, tagaus, tagein.
Doch uns geht's gut. Den Laden schmeißt
ROBO, der Roboter, allein.

Er kocht, er spült, er saugt, er schrubbt.
Für ihn gibt's kein Problem.
Wer wäscht das Auto? ROBO kann's! –
Wir machen's uns bequem.

Wer putzt die Fenster? Wer heizt ein?
ROBO! ROBO! ROBO!
Steigt einer nachts zum Fenster rein:
ROBO haut ihn k.o.!

Seit einer Woche aber ist
ROBO so kurios.
Kann's eine Drahtverschlingung sein?
Ist eine Schraube los?

Er streicht die Zimmerlinde flach,
begießt die Kissen mit der Kanne.
Die Eier zieht er ritsch-ratsch auf,
den Wecker haut er in die Pfanne.

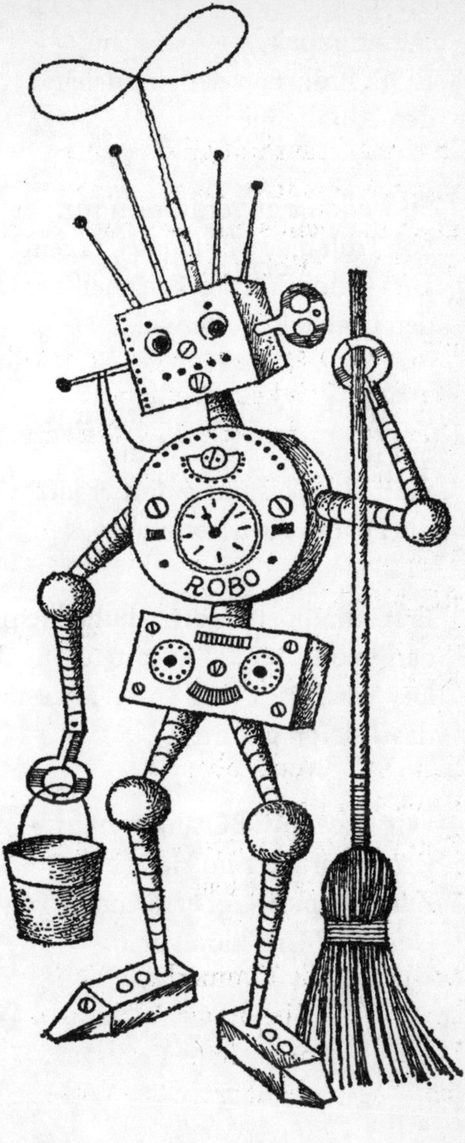
ROBO

Wo jault der Hund? Er steckt im Müll.
Was rumpelt vor dem Haus?
ROBO führt an der Hundeleine
den Abfalleimer aus.

So werkt er unverdrossen fort,
von früh bis spät, tagaus, tagein.
Den Geldbriefträger schmeißt er 'naus,
den Dieb läßt er herein.

Er schafft, so tüchtig wie nur je,
mit immer gleicher Miene.
Statt alter Wäsche stopft er jetzt
die Post in die Maschine.

Erst schnippelt er die Schuhe klein,
dann wichst er die Karotten.
Der Schellfisch wird schön abgestaubt,
das Telefon gesotten.

Wir haben ROBO angeschafft —
jetzt ist er Herr im Haus.
Zum Teppich sagt er: „Guten Tag!"
Und uns? Uns klopft er aus!

Der Riese Häuserlupf

Damals als es noch Riesen gab, traf ein Junge namens Fridolin einen Riesen namens Häuserlupf. Das war eine Woche vor den großen Ferien.

Fridolin ging nach Hause. Am Abend legte er sich ins Bett.

Als er am anderen Morgen aufwachte, hörte er, wie seine Mutter im Bett sagte: „Was war das nur heute nacht? Dieses merkwürdige Sausen ums Haus!"

„Und dieses Zittern!" sagte der Vater. „Erst dachte ich an ein Erdbeben. Und dann war mit einem Schlag alles vorüber."

Fridolin setzte sich auf und rieb sich die Augen. Plötzlich war er hellwach. Ihm war etwas eingefallen. Er sprang aus dem Bett und rannte ans Fenster.

„Gemsen!" rief er. „Draußen stehen Gemsen!"

„Du scheinst noch zu träumen", meinte die Mutter.

„Ehrenwort! – Sieben Stück!" rief Fridolin.

„Du hast dich im Kalender geirrt", erklärte der Vater. „Wir schreiben jetzt Juli. Nicht den ersten April."

Er stand aber doch auf und trat ans Fenster. „Tatsächlich", sagte er. „Im Garten stehen Gemsen."

Die Mutter eilte auch herbei. „Wahrhaftig, Gemsen! Gemsen in unserem Garten! Und wie neugierig sie dreinschauen. So richtig erstaunt."

„Sie scheinen sich über unser Haus zu wundern", sagte der Vater.

„Was ist an unserem Haus so verwunderlich? Ich denke, eher hätten wir Grund, uns über sie zu wundern!"

Da tat die Mutter einen Schrei: „Mein Salat! Sie haben meinen Salat abgeweidet! Und die Rosen! Und die Nelken! – Aber was ist das? Dort wächst ja Enzian! Und da Almenrausch! Und dort am Felsen blüht sogar Edelweiß! Aber wo kommt denn der Felsen her? Seit wann haben wir ein Alpinum im Garten?"

„Ja, ist das denn überhaupt noch unser Garten?" rief der Vater. „Schauen wir mal zur anderen Seite hinaus!"

Die drei wanderten im Nachtgewand zum Wohnzimmer. Sie traten ein – und riefen ein entzücktes „Ah!"

Tief unter ihnen breitete sich das weite Land im Schein der Morgensonne. Klein und zierlich lagen Dörfer und Städte zwischen Wiesen, Feldern und Wäldern. Silberne Flüsse verloren sich in der Ferne.

„Herrlich! – Diese Aussicht! – Einzigartig!"
Es dauerte lange, bis sich die drei gefaßt hatten. Schließlich sagte der Vater: „Schön ist es hier oben, da gibt es keinen Zweifel. Aber interessieren würde es mich doch, wie wir plötzlich hier heraufgekommen sind."
„Es gibt nur eine Möglichkeit", meinte die Mutter. „Der Riese Häuserlupf muß heute nacht unser Haus genommen und auf diesen hohen Berg gestellt haben."
„Ja, der Häuserlupf", sagte der Vater. „Dem wäre das wohl zuzutrauen. Aber wie kommt er ausgerechnet auf unser Haus? Und warum hat er sich die Mühe gemacht, es so weit zu transportieren?"
„Das ist mir auch ein Rätsel", sagte die Mutter. „Aber eins muß man dem Häuserlupf lassen: Er hat beim Tragen gut achtgegeben! Nicht eine Vase ist umgefallen!"
Fridolin stand neben seinen Eltern und gab keinen Pieps von sich. Der Vater holte das Fernrohr. In weiter, weiter Ferne war der Garten zu erkennen, in dem bis gestern abend das Haus gestanden hatte. Und nicht weit davon stand die Schule – ein winziges, weißes Kästchen.
„Da brauche ich heute natürlich nicht zur Schule", sagte Fridolin.
„Nein, das kann niemand von dir verlangen", erklärte der Vater. „Es ist ohnehin ein Ding der Unmöglichkeit, von diesem hohen Berg ins Tal zu

kommen. Übrigens, du scheinst nicht sehr traurig darüber zu sein."

„Ach, war das in den letzten Tagen eine Plage mit diesem Jungen", erzählte die Mutter. „Er wollte nicht mehr in die Schule, er wollte keine Aufgaben mehr machen. Fridolin konnte einfach die Ferien nicht mehr erwarten. Aber jetzt ist er ja erlöst. – Bleibt nur die Frage, ob wir überhaupt je wieder von diesem Felsen kommen. Für einige Zeit sind wir zwar mit Vorräten versorgt, aber wir können doch nicht ewig hier oben bleiben. Ach, jetzt fällt mir ein, am ersten Ferientag wollte ja Tante Beate mit ihrer Familie zu uns kommen. Die werden traurig sein, wenn sie unser Haus nicht mehr im Garten finden! Wir hatten uns doch alle so aufeinander gefreut! Und nun können wir ihnen nicht einmal mehr Nachricht geben ..."

„Kommt Zeit, kommt Rat", sagte Fridolin.

Der Vater sah seinen Sohn verwundert an. „Seit wann wirfst du mit Sprichwörtern um dich?" fragte er.

Die Familie verbrachte eine herrliche Woche im Hochgebirge. Nur die Frage, wie das alles weitergehen würde, machte ihnen hin und wieder Sorge. – In der Nacht vor dem ersten Ferientag war wieder dieses feine Zittern und dieses seltsame Sausen zu spüren. Und am Morgen des ersten Ferientages stand das Haus wieder auf seinem alten Platz im Garten.

Am Nachmittag kam Tante Beate mit Onkel Georg, dem neunjährigen Willibald und der siebenjährigen Susanne.
Einige Tage später machten alle einen gemeinsamen Spaziergang. Wer kam ihnen da entgegen, so großmächtig, daß sein Schatten über sieben Felder reichte? – der Riese Häuserlupf!
Als der Riese vorübergegangen war, blieb der Vater stehen. Er sah seinen Sohn scharf an und sprach: „Du, sag einmal! Mir war eben, als hättet ihr beide euch zugezwinkert, der Häuserlupf und du!"

Wie die Sparschweine erfunden wurden

Es war einmal ein geschickter, gescheiter Zuckerbäcker. Der machte hundert wunderfeine, süße kleine Marzipanschweine. Und dann aß er alle alleine.
Das Haus war leer. Geld hatte er auch keins mehr. Was sollte er machen?
Er überlegte hin, er überlegte her, er überlegte anderthalb Wochen. Ums Haar wäre ihm dabei der Kopf zerbrochen.
Da fiel ihm abends um dreiviertel sieben etwas ein. Der König! dachte er. Ja, das war ein guter Gedanke. Der Zuckerbäcker sprang vom Stuhl und rannte hinaus.

Draußen nahm er sich nicht einmal mehr Zeit, die Haustür abzuschließen. Das war freilich auch gar nicht nötig, denn in seinem Haus gab es nichts mehr zu stehlen.

Als der arme Zuckerbäcker beim König anklopfte, riefen fünf Stimmen: „Herein!" Es war nämlich genau sieben Uhr, und um diese Zeit erzählte der König jeden Abend seinen zwei kleinen Prinzen und seinen drei kleinen Prinzessinnen eine Gute-Nacht-Geschichte.

Heute erzählte der König das Märchen von der Grille und der Ameise. Die Grille hatte den ganzen Sommer auf ihrer Geige lustige Lieder gespielt und sich weiter um nichts gekümmert. Die Ameise aber hatte den ganzen Sommer fleißig gearbeitet und jedes Körnlein, das sie irgendwo fand, in ihre Vorratskammer geschafft. Und dann kam der Winter. Alles war verschneit, die Grille fand nichts mehr zu essen, und der Hunger wurde alle Tage schlimmer. Da fiel der armen Grille die Ameise ein. Die hat ihr ganzes Haus mit Vorräten vollgestopft, dachte sie, die wird mir gewiß etwas borgen, und sie wanderte zu dem Häuschen der Ameise und klopfte an die Tür . . .

In diesem Augenblick klopfte es an die Tür. Die zwei Prinzen und die drei Prinzessinnen riefen: „Herein!"

Als die Tür aufging, schauten sie alle auf den Fußboden, denn in ihren Gedanken waren sie noch ganz und gar bei der Grille. Aber was da am Boden her-

einkam, war keine Grille, es waren die Füße des Zuckerbäckers.
Das gab ein Hallo! Ein Prinz kollerte vor Lachen vom Sessel.
Auch der König mußte lachen. Als er endlich reden konnte, fragte er den Zuckerbäcker: „Wo fehlt's?"
Der Zuckerbäcker bat um Arbeit.
Der König fragte: „Was kannst du denn?"
Der Zuckerbäcker sagte: „Ich mache die hübschesten Hasen aus Schokolade. Aber ich esse sie alle selber."
Da riefen die zwei Prinzen und die drei Prinzessinnen: „Schade!"
Der König fragte: „Was kannst du noch?"
Der Zuckerbäcker sagte: „Ich mache wunderfeine Marzipanschweine, aber ich esse sie alle ganz alleine."
Da seufzten die zwei Prinzen und die drei Prinzessinnen im Chor.
Der König runzelte die Stirn und sagte: „Das ist ein Problem!"
Als der König die Stirn runzelte und „Problem!" sagte, sprang die allerkleinste Prinzessin ihrem Vater vom Schoß und holte ihm die Krone. Denn mit der Krone auf dem Kopf konnte der König noch einmal so gut nachdenken. Das wußten auch die andern Prinzen und Prinzessinnen, und der König wußte es selber auch, aber wer an alles zuerst dachte, das war die allerkleinste Prinzessin.
Jetzt hatte der König die Krone auf dem Kopf. Und

es dauerte auch gar nicht lange, dann waren die Runzeln auf seiner Stirn verschwunden.
Der König sagte zum Zuckerbäcker:
„Du machst keine Schweinchen aus Marzipan,
du machst Schweinchen aus Porzellan,
da ist nichts zu knabbern dran.
Morgen fängst du bei mir an!"
Der König hatte gesprochen. Und der Zuckerbäcker war bei ihm angestellt.
Am andern Morgen um acht fing er an.
Er machte Schweinchen aus Porzellan,
oben mit einem Schlitz,
unten mit einem Türchen dran.
So hatte es der König befohlen. Und der ehemalige Zuckerbäcker hatte Arbeit sein Leben lang. Denn von den hübschen Porzellan-Sparschweinchen, die er machte, konnte der König ganze Berge brauchen: Jedem Kind in seinem Land schenkte er eins.

Warum die Enten breite Schnäbel haben

Wenn die Ixebixe nicht gewesen wäre, hätten die Enten noch ein Schnäbelein, wie die Amseln, so fein. Aber nein, Ixebixe konnte es nicht lassen, Ixebixe, die kecke, kleine Wassernixe mit dem Himmelfahrtsnäschen, Ixebixe im Ententeich.
Wie oft hatte Papa Bonifax, der Wassermann, schon gequakst! Und heute quakste er wieder: „Ixebixe, mach dir aus dem grünen Schlingschlangdingsda mit den weißen Blumen eine schöne Kette! Oder spiel Fangen mit den netten, fetten Kulleraugenkarpfen. Aber zieh nicht wieder die Enten an den Zehen! Die Enten mögen das gar nicht. Und ihre Zehen sind schon ganz flach geworden."
„Ich werde es gewiß nie wieder tun!" gickste Ixebixe.
Aber was war? Keine Woche verging. Keine sechs Tage vergingen. Fünf Tage vergehen. Da sieht Ixebixe, wie sie unten im Wasser schwimmt und nach oben guckt, alle Enten des Ententeichs versammelt. Eine Ente hatte Geburtstag, und da waren alle anderen gekommen, um zur Feier des Tages ein gemütliches Schwätzchen zu halten.
Da sitzen sie nun alle auf dem Wasser, plaudern und lassen die Beine nach unten baumeln. Und denken an nichts Arges.
Doch was tut Ixebixe, die kecke, kleine Wassernixe mit dem Himmelfahrtsnäschen? Sie schwimmt hin-

auf, heimlich und leise, und zieht geschwind die ahnungslosen Enten an den Zehen!
Das war ein Ui! Das war eine Empörung!
Die erste Ente rief: „Unglaublich! Mir fehlen die Worte!“
Die zweite Ente rief: „Diese Schlimme! Sie war's wieder!“
Die dritte Ente rief: „Das sollst du, Ixebixe, büßen!“
Das riefen sie natürlich nicht schön der Reihe nach, sondern alle zugleich. Es hörte sich daher so an:

„Unglaublich diese das mir Schlimme sollst fehlen sie du die war's Ixebixe Worte wieder büßen!!!"
Aber es riefen ja nicht nur diese drei, sondern es riefen auch alle anderen Enten. Wie sich das Gezeter von allen zugleich anhörte, das freilich ist nicht zu beschreiben. Die erste Ente hatte behauptet, ihr fehlten die Worte. Das hatte sie nur so gesagt. In Wirklichkeit fehlten ihr die Worte ganz und gar nicht. Nein, ihr fiel in einem fort Neues über die kecke, kleine Ixebixe ein. Und auch alle anderen Enten hörten nicht auf, über Ixebixe zu schimpfen. Und sie schimpften so lange, bis sie alle ganz breite Schnäbel hatten.

Warum die Schildkröte gepanzert geht

Wenn es den Elefanten nicht gejuckt hätte, auf dem Rücken links hinten, brauchte die Schildkröte keinen Panzer mit sich herumzuschleppen.
Aber den Elefanten, der in Indien spazierenging, juckte es.
Der Elefant blieb stehen und versuchte, sich zu kratzen. Zuerst probierte er es mit dem Rüssel. Der Rüssel reichte fast bis oben links hinten, aber nicht ganz. Dann probierte er sämtliche Beine der Reihe nach durch. Am Schluß war er sich nicht sicher, ob er die Beine nicht durcheinandergebracht und eines

zweimal und ein anderes überhaupt nicht drangenommen hatte. Er begann daher noch einmal von vorn. Ohne Erfolg. Einmal wäre er ums Haar umgekippt.
„Alles zwecklos“, sagte der Elefant. „Dieses elende Jucken!“ und ging weiter.
Nachdem er eine Weile gegangen war, sah er einen Palmbaum stehen. Eine prächtig gewachsene Kokospalme. Das ist genau das, was ich brauche, dachte der Elefant und schritt erfreut auf die Palme zu.
Nun lag aber rechts jemand neben dem Stamm. Das war die Schildkröte, die damals noch keinen Panzer trug. Sie hatte sich in den Schatten gelegt und schlief.
Der Elefant stand vor dem Baum und überlegte: Wenn ich mich links kratzen will, muß ich rechts an den Baum, aber da liegt wer.
Traurig betrachtete er die schlafende Schildkröte. Sie machte nicht den Eindruck, als ob sie während der nächsten Stunde erwachen würde, wenn man sie nicht weckte. Das aber brachte der Elefant nicht übers Herz. Er schätzte es nicht, im schönsten Schlaf geweckt zu werden, und er weckte auch andere nicht, wenn es nicht brannte.
Der Elefant wanderte langsam an der Schildkröte vorbei und dann weiter um den Baum herum, nur um etwas zu tun. Als er auf der anderen Seite stand, den Kopf in der Richtung, aus der er gekommen war, merkte er plötzlich, daß er sich jetzt auf dem

Rücken links hinten kratzen konnte. Darüber war er zunächst sehr erstaunt. Aber dann machte er sich weiter keine Gedanken mehr, sondern begann, seinen Rücken am Stamm der Palme zu reiben.
Nun ist es natürlich etwas anderes, ob sich eine Katze an einem Baum den Buckel reibt, oder ob ein Elefant das gleiche tut. Der Stamm der Kokospalme geriet in Bewegung, und die Krone mit ihren großen Blättern schwang rauschend hin und her.
Die schlafende Schildkröte störte das keineswegs. Im Gegenteil. Sie machte ein vergnügtes Gesicht, denn als sie im Schlaf das Blätterrauschen hörte, träumte sie etwas Schönes mit Meeresrauschen.
Der Elefant hörte auf, sich zu reiben und schaute auf die andere Seite. Er hatte ein Geräusch gehört. Kein sehr lautes Geräusch, aber einen eigentümlichen Plumps. Aus der Krone des Palmbaumes, die er durch sein Reiben geschüttelt hatte, war eine Kokosnuß gefallen, geradewegs auf die Schildkröte, die jetzt nicht mehr schlief, sondern hellwach war.
„Hat's weh getan?" fragte der Elefant.
„Es geht", sagte die Schildkröte. In Wirklichkeit hatte es arg weh getan, aber sie war zu höflich, um das zu sagen.
„Es war nicht meine Absicht! Bitte, glaube mir das!" sagte der Elefant und begann weiterzugehen. Nachdem er ein Stück gegangen war, merkte er, daß er in die falsche Richtung ging, nämlich dorthin, woher er gekommen war. Er machte daher kehrt.

Als er wieder an der Schildkröte vorüberkam, sagte er: „Es hat mich nämlich gejuckt, auf dem Rücken links hinten. Entschuldige bitte!"
„Keine Ursache", sagte die Schildkröte, obwohl sie Ursache genug gehabt hätte, sich zu beklagen. Sie spürte nämlich, daß sie durch die Kokosnuß breiter und niedriger geworden war.
Das passiert mir nicht noch einmal, dachte die Schildkröte. Das erste, was sie tat, war, daß sie sich ein Panzergehäuse anschaffte, in das sie sich zum Schlaf ganz und gar zurückziehen konnte. Dieses trägt sie seither auf Schritt und Tritt mit sich, um es jederzeit bereit zu haben. Denn wer weiß, ob es nicht noch einmal einen Elefanten auf dem Rücken links hinten juckt, während sie unter einer Kokospalme schläft.

Warum die Biene hinten spitzig ist

Es gab eine Zeit, da war die Biene noch sanft wie ein Lamm. Das war damals, als das Walroß noch schlank war wie eine Gazelle.
Für beide, die Biene und das Walroß, wäre Platz genug auf der herrlichen, weiten Wiese gewesen. Aber die Biene war nicht nur sanft, sondern auch beschäftigt. Wenn einer für zwanzig Kinder Futter herbeischaffen muß, dann hat er zu tun. Und das Walroß war nicht nur schlank, sondern auch zu dummen Späßen aufgelegt. Und da es keine zwanzig Kinder zu versorgen hatte, konnte es sich ganz seiner Lieblingsbeschäftigung widmen, die darin bestand, die Biene zu ärgern. So braucht sich niemand zu wundern, daß es kam, wie es kam.
Die Kinder, die Kinder! Mit diesem Gedanken hastete die Biene von Blume zu Blume. Ehe sie ihren Kopf in eine Blüte steckte, spähte sie noch geschwind nach dem Walroß. Das stand irgendwo in der Gegend und guckte zu den Wolken hinauf. Schnell schlüpfte die Biene in die Blüte. Als sie gleich darauf weiter wollte, war, wie aus dem Boden gewachsen, das Walroß da und hielt sie bei einem Flügel

fest. Die Biene zappelte und mußte beim Zappeln noch achtgeben, daß sie nicht zu sehr zappelte, damit ihr der Flügel nicht abbrach.
Sie flehte. Sie weinte. Sie war verzweifelt. So verzweifelt kann nur jemand sein, der von einem Tagedieb festgehalten wird, während zu Hause zwanzig hungrige Kinder warten.
So ging das Tag für Tag.
Wieder einmal hatte das Walroß die kleine Biene gepackt und lange unter höhnischem Gelächter festgehalten. Endlich kam sie los. Mit letzter Kraft flog sie zu einem Schlehdorn am Wiesenrain und ließ sich auf einen Zweig fallen. „Ich bin am Ende!" stöhnte sie. „Ich bin am Ende!"
„Das kann ich verstehen", sagte der Schlehdorn. „Der Unhold treibt ein böses Spiel mit dir. Ich habe es oft genug beobachtet."
„Ich gehe zugrunde!" klagte die Biene. „Was soll aus meinen armen Kindern werden?"
„Du mußt dich wehren", flüsterte der Schlehdorn eindringlich. „Dich wehren!"
„Ich — mich wehren?" weinte die Biene. „Wie soll ich mich wehren! Ich winziges Ding gegen den da mit seinen Riesenkräften? Nun machst du dich auch noch lustig über mich!" Und sie schluchzte zum Steinerweichen.
„Doch", sagte der Schlehdorn. „Du kannst dich wehren. Höre zu! Ich schenk' dir einen Dorn. Meinen schärfsten Dorn schenk' ich dir. Jawohl. So bin

ich. Da siehst du, daß ich es gut mit dir meine. Diesen Dorn trägst du von nun an immer mit dir. Und wenn der Taugenichts wieder kommt, um dich zu quälen, dann stichst du ihn. Und zwar tüchtig!"

„Ich — stechen?" fragte die Biene zaghaft. Sie hatte noch nie im Leben irgend jemand irgend etwas zuleide getan.

„Natürlich! Rücksicht ist da nicht mehr am Platze! Du machst das sonst nicht mehr lange mit, das sieht man dir an. Denk an deine Kinder! — Da, hier ist der Stachel! Und nun: Viel Erfolg!"

Die Biene bedankte sich und flog weiter ihrer Arbeit nach. Den Stachel trug sie unterm Arm.

Sie war erst bei der sechsten Blüte angelangt, da war der Quälgeist schon wieder hinter ihr. Doch diesmal hielt er sie nur einen winzigen Augenblick fest. Die Biene hatte sich blitzschnell umgedreht und ihn aus Leibeskräften in die Nase gestochen.

Die Biene flog weiter.

Das Walroß stand da, wie vom Donner gerührt. Die Nase brannte wie Feuer. Langsam setzte sich das Tier in Bewegung, wimmernd trollte es sich davon. Die Nase schwoll an. Der Kopf schwoll an. Das ganze Walroß schwoll an. Es konnte kaum mehr aus den Augen sehen. Es konnte kaum mehr gehen. Als das Walroß an den Waldrand kam, stand dort das Reh. Das Walroß konnte es mit Mühe erkennen. So schlank wie dieses Geschöpf war es selbst noch vor kurzem gewesen.

„Bbobbubbobba", sagte das Walroß, das kaum mehr den Mund aufbrachte. Das sollte sicher etwas sehr Trauriges heißen.

„Da hilft nur eins", sagte das Reh, „feuchte Umschläge."

Das Walroß ging und machte feuchte Umschläge. Ohne großen Erfolg. Schließlich humpelte es zum Meer und legte sich ins Wasser. Dort liegt es noch heute. Mehr kann man nicht für seine Gesundheit tun, wenn einem feuchte Umschläge verordnet sind.

Die Biene aber, der es beschwerlich war, den Stachel beständig unterm Arm zu tragen, befestigte diesen an ihrem hinteren Ende. Dort hindert er sie nicht bei der Arbeit, und sie hat ihn doch immer bereit, wenn jemand erscheint, von dem sie denkt, das sei wieder so eine Art Walroß.

„Darf ich zu Erich Gerstengern?" piepste Eugen Weizenlieb. „Bitte, bitte, bitte!"
Der Mausejunge Erich Gerstengern besaß etwas Einzigartiges, eine Kugel aus buntem Glas. Diese Kugel konnte man durch die langen Gänge der Gerstengernschen Wohnung rollen, zehn Meter weit und um siebzehn Ecken, hinauf und hinunter. Diese Glaskugel aber war nichts anderes als jene Murmel, die Toni, der Bauernjunge, vor drei Tagen so verzweifelt gesucht hatte. Sie war ihm aus der Tasche gefallen, während er über die Wiese lief. Er hatte auch gleich etwas gemerkt, aber bis er mit der Hand in der Hosentasche nachfühlte, das Loch in der Tasche entdeckte und sich umdrehte, lag längst keine Murmel mehr im Gras. Papa Gerstengern war flink

aus der Wohnung gehuscht und hatte die Kugel mit der Nase ins Loch gestupst. Ein schöneres und praktischeres Geschenk hat kein Mausevater seinem Mausejungen heimgebracht, seitdem die Welt steht.

Ja, so war das nun: Der Mausejunge Erich besaß eine Glaskugel, und der Mausejunge Eugen besaß keine, und Eugen wollte zu Erich. Nichts konnte natürlicher sein.

Aber Papa Weizenlieb brummelte: „Was du nur auf einmal mit diesem Erich hast! Du hast dir doch früher nicht soviel aus ihm gemacht."

„Ach, laß ihn doch", wisperte Mama Weizenlieb, als ihr Eugen zu weinen begann.

„Aber daß du mir pünktlich zum Abendbrot wieder daheim bist!" sprach Papa Weizenlieb. „Und das eine sage ich dir ... Nanu! Was ist denn da oben plötzlich los? Da scheint es ja ganz schön zuzugehen! Ein Donnern, entsetzlich! Da scheint ja ein Gewitter losgebrochen zu sein ... Es kommt immer näher! Nur gut, daß wir hier unten in Sicherheit sind!"

„Gräßlich! Gräulich!" hauchte Frau Weizenlieb. „Die ganze Wohnung zittert!"

„Na, jetzt scheint es sich ja zu verziehen", stellte Herr Weizenlieb fest.

„Papa, darf ich jetzt?" bettelte Eugen.

„Meinetwegen", brummelte der Papa. „Aber erst schaue ich nach, wie es oben aussieht."

Als er zurückkam, wußte er eine Neuigkeit zu berichten.

„Es war kein Gewitter", erzählte er. „Sie haben den Stier wieder auf die Weide gelassen."
„Der Stier!" stöhnte Frau Weizenlieb. „Dieses trampelnde Ungetüm!"
„Tja", seufzte Herr Weizenlieb. „Ich fürchte, heute wird noch einige Male unsere Wohnung wackeln."
„Im Augenblick scheint er friedlich zu sein", meinte seine Frau und lauschte.
„Ja, er steht wieder einmal da und glotzt nach allen Seiten, ob er nicht einen findet, dem er seine alberne Frage stellen kann: Wer ist der Stärkste auf der ganzen Welt? Und wehe dem, der dann nicht gleich zur Antwort gibt: Du, Stier! Den stampft er zusammen, bis er flach ist wie ein Buchenblatt."
„Darf ich jetzt?" quengelte Eugen.
„Ja, hast du denn nicht gehört?" wetterte sein Vater. „Der Stier ist oben!"

„Ach der! Der erwischt mich schon nicht! Ich sause wie der Wind!“
„Kommt nicht in Frage! Solange der Stier auf der Wiese ist, gehst du mir nicht aus der Wohnung!“
„Wie lange ist er noch auf der Wiese?“
„Sie haben ihn ja erst herausgelassen. Bis zum Abend bestimmt.“
„Dann darf ich heute überhaupt nicht, huuuuuuu...“
Der kleine Eugen heulte, was er heulen konnte, bis es seinem Vater zu dumm wurde. Nachdem er sich vergewissert hatte, daß der Stier ganz woanders hinschaute, gab er seinem Sohn die Erlaubnis, zu Gerstengerns zu laufen.
Eugen rannte los. In diesem Augenblick mußte der Stier seinen Kopf gedreht haben. Die Erde dröhnte, und da stand das Ungeheuer auch schon vor dem Mausejungen, gerade über dem Eingang zur Gerstengernschen Wohnung.
Der Stier senkte seinen breiten Schädel, rollte seine blutunterlaufenen Augen und brüllte: „Wer ist der Stärkste auf der ganzen Welt?“
Der Mausejunge wußte, welche Antwort der Stier

erwartete. Aber nachzuplappern, was alle andern vor ihm gesagt hatten, schien ihm zu dumm. Er wollte es ein wenig pfiffiger machen und sagte: „Einer, der mit ST anfängt und mit R aufhört."
Mit dieser Antwort hätte der Stier zufrieden sein können. Aber leider fehlte ihm an Verstand, was er an Kraft zuviel hatte, und er begriff nicht, daß er selbst gemeint sei.
„Dir werde ich zeigen, wer der Stärkste ist!" schnob der Stier und wollte sich auf den kleinen Mausejungen stürzen.
Gleich bin ich flach wie ein Buchenblatt, dachte sich der Mausejunge, wenn mir nicht geschwind etwas einfällt. Und schon schrie er: „Der hat's gesagt!"
Der Stier erstarrte zu einem Felsen. „Wer?" röhrte er. „Wer hat gewagt ...?"
„Der dort hinter dem Heustadel, der Rote!" rief der pfiffige Mausejunge.
Der Stier stampfte auf den Heustadel zu. Der gescheite kleine Mausejunge aber huschte in Gerstengerns Mauseloch.
Hinter dem Heustadel stand ein Holunderbusch, und in den Brennesseln, die daneben wuchsen, lag ein abgebrochener Gabelstiel. Das war alles. Von einem Roten war keine Spur zu sehen.
Seit dieser Zeit sucht der Stier nach einem Roten. Und wenn du etwas Rotes trägst, rate ich dir, gib acht, daß du ihm nicht in die Quere kommst! Sonst denkt er gleich: Der war's!

Warum die Hühner immer so schief gucken, wenn man mit ihnen spricht

Hühner trippelten im Garten.
Wie sie so im Garten scharrten
(denn was sollten sie sonst tun?),
guckt verdutzt ein braves Huhn.
„Gick, gick, gack! Hier glitzert was,
klein und fein und wie aus Glas.
Soll das was zu fressen sein?"
Kommt der Hahn. Der Hahn spricht: „Nein,
als ein Korn kommt mir's nicht vor!"
Doch er kratzt sich hinterm Ohr:
„Aber freilich andrerseits
hat Probieren seinen Reiz!"
Happ, er schnappt und hebt den Schnabel,
und schon ist das Ding hinabel.

Das kleine, glitzernde Ding war fort und verschwunden. Wo es hinkam, wir wissen es. Aber die Bäuerin, die aufgeregt aus dem Haus stürzte, wußte es nicht. Hinter der Bäuerin eilten der Bauer, der Knecht, die Magd und die fünf Kinder aus dem Haus, und alle fingen an, eifrig nach dem Diamanten zu suchen. Irgendwo zwischen dem Haus und dem eingezäunten Gemüsegärtchen mußte er liegen. Es war Sonntagmittag. Die Bäuerin war in das Gemüsegärtchen gegangen, um Petersilie für die Sonntagssuppe zu holen. Dabei hatte sie den Diamant-

ring, den sie für den Kirchgang angesteckt hatte, noch am Finger.
Beim Abschneiden der Petersilie hatte sie den Edelstein noch am Ring gesehen, doch als sie dann die Petersilie in der Küche auf den Tisch legte, war die Fassung, in die der Stein gehörte, leer.
Verzweifelt suchte die Bäuerin, von den acht andern unterstützt, nach dem Diamanten. Zusammen hat-

ten sie achtzehn Augen. Da hätte man den Edelstein doch finden müssen! Aber nein.
Hin und wieder warf die Bäuerin den Hühnern einen argwöhnischen Blick zu. Und zuletzt stellte sie sich zornig vor ihr Hühnervolk und rief: „Hat eine von euch meinen Diamanten aufgepickt? Ich drehe euch allen die Hälse um, bis ich die gefunden habe, die ihn im Magen hat!"
Ja, da guckt man freilich schief, wenn man so etwas gesagt bekommt!
Die Bäuerin machte ihre Drohung dann doch nicht wahr. Sie war sich ihrer Sache nicht so ganz sicher und wollte zu ihrem Edelstein nicht auch noch ihre fleißigen Hühner einbüßen.
Den Hühnern aber ist das schiefe Gucken geblieben. Der Schrecken muß ihnen damals ganz ordentlich in die Knochen gefahren sein. Denn wenn man mit ihnen spricht, gucken sie immer noch schief, weil sie denken, es geht wieder los mit der alten Geschichte.

Warum das Wiesel im Winter weiß ist, aber nicht ganz

Oh, das war ein Gedränge! Damals, als sich die Vierfüßler ihr Fell aussuchen konnten. War das ein Wühlen unter den ausgelegten Gewändern, den kraushaarigen, lockigen, zottigen, den spiegelblanken und glatten, den zartweich-sanftseidigen und den stachelspitzstupfigen! Wahrhaftig, da war die Wahl nicht leicht.

Unter den ersten, die sich entschieden, war das Wiesel. Mit gutem Griff hatte es sich ein hübsches braunes Kleid gesichert. Es drehte sich, es wendete sich und betrachtete sich von allen Seiten.

„So gefalle ich mir", dachte es sich. „Aber wie", dachte es dann, „jahraus, jahrein das gleiche?"

Geschickt schlüpfte das schlanke Tier noch einmal durch die Menge nach vorn.

Das Schwein legte eben ein weißes Kleid zurück. „Entzückend! Ein Gedicht!" rief es. „Aber ich fürchte, es schmutzt. – Finden Sie nicht auch?" Damit wandte es sich einem Nachbarn zu.

Gleich darauf rief eine Stimme: „Seht die an! Die nimmt noch eins!"

„Halt!" brüllte der Krebs, den man gebeten hatte, als Polizist für Ordnung zu sorgen. „Halt! Halt!"

Das Wiesel suchte das Weite. Es lief, was es laufen konnte, das weiße Kleid unterm Arm. Der Krebs, der damals noch gut auf den Beinen war, hinterdrein.

Als der Krebs zurückkam, hatte er seine sämtlichen zehn Beine verstaucht und brachte doch nichts zurück als einen weißen Fetzen. Der war ihm in der Hand geblieben, als es ihm gelang, einen Zipfel des entwendeten Kleides zu erhaschen. Dann war ihm das Wiesel mit der Beute entwischt.

Es kam, wie es kommen mußte: Am Ende fehlte ein Kleid. Das Schwein, das allzu wählerisch gewesen war und sich für nichts hatte entscheiden können, ging leer aus. Mit dem Fetzen, den der Krebs noch immer ratlos in der Hand hielt, wußte es nichts anzufangen. Da erbat sich der Marder das kleine weiße Stück. Er machte sich einen netten Latz daraus.
Der Krebs, der sich sein Versagen zu Herzen nahm, lebt seither zurückgezogen im Wasser. Mit den Beinen will es noch immer nicht recht.
Und das Wiesel? Im Sommer trägt es Braun. Im Winter aber zieht es das zur Jahreszeit passende weiße Kleid über. Am Schwanzende freilich schaut noch ein Stück dunkles Sommerkleid heraus. Du weißt ja: der abgerissene Zipfel!

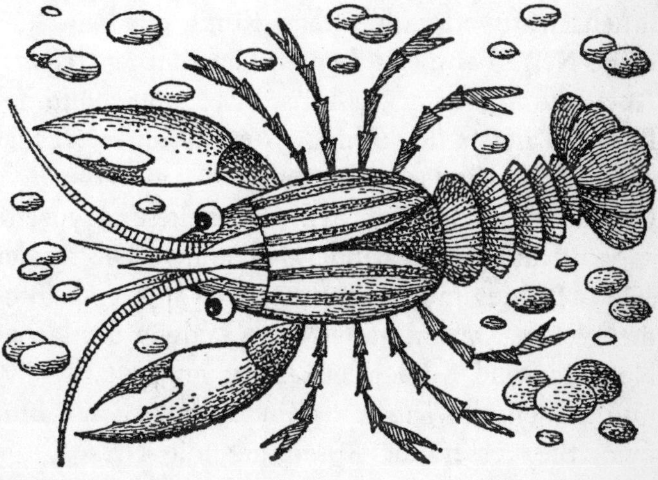

Damals, als das Wünschen noch half, lebte ein König, wie es keinen mehr gab. König Ludwig der Liebe-Nette.
Auf seinem Tisch, stell dir vor, stand ein Telefon, und daneben lag stets griffbereit ein großes, gelbes Buch mit einem gemalten Posthorn obendrauf. Das war, du weißt es schon, das Telefonbuch. In diesem Telefonbuch standen alle Einwohner des Landes, die fünf Jahre alt waren und darüber. König Ludwig der Liebe-Nette hatte nämlich allen Leuten ein Telefon geschenkt, und alle nachwachsenden Kinder bekamen eins zum fünften Geburtstag. Damit er jederzeit nachfragen konnte: „Guter, wie geht es dir?“ So einer war König Ludwig der Liebe-Nette.
Aber ach, da geschah etwas, an einem ganz gewöhnlichen Mittwochnachmittag. König Ludwig der Liebe-Nette hatte seit dem frühen Morgen regiert. Aber nun machte er das Fenster weit auf, holte tief Luft und rief in den Schloßgarten hinunter: „Es ist geschafft! – Kinder, ich komme!“
Unter ihm, im Schloßgarten, wimmelte und wuselte es von Kindern mit Kindergießkannen. Die Kinder seines Landes taten nämlich nichts lieber als Blumengießen. Darum hatte König Ludwig der Liebe-Nette tausend Kindergießkannen angeschafft, und nun kamen alle Tage alle Kinder und gossen Blumen. Sie gossen die Rosen und die Nelken, die

Schönkörbchen und die Stiefmütterchen, die Tränenden Herzen und die Jungfern im Grünen und die vielen anderen Blumen in den vielen, vielen Beeten. Sie gossen die Gänseblümchen auf der Wiese und sie gossen einander auf die Zehen. Kurz, da unten ging es jeden Tag lustig zu. Doch wenn König Ludwig der Liebe-Nette kam, nahm er auch eine Gießkanne und goß Blumen und goß den Kindern auf die Zehen, und die Kinder gossen ihm auf die Zehen, und dann wurde es erst richtig lustig!

Nachdem König Ludwig der Liebe-Nette aus dem Fenster gerufen hatte, drehte er sich um und ging zur Tür, und er hatte auch schon die Türklinke in der Hand, da fiel sein Blick auf das Telefon, und er seufzte: „Die Frau Schnatter! Ich muß sie doch rasch anrufen, sonst grämt sie sich am Ende noch!" Er hatte schon gestern früh bei ihr nachfragen wollen, es aber dann wieder bleiben lassen, denn Frau Schnatter schnatterte so schrecklich schnell und viel. Er ging also zum Telefon, hob ab und wählte. –

„Ja, Frau Schnatter, ich bin's, der König, ich wollte nur eben mal nachfragen: Was macht das Knie?"

Da rauschte es auch schon aus dem Hörer, wie das

Wasser aus einem Wasserhahn, den man ganz aufgedreht hat:

„AchSiesindsHerrKönigdasKniewelchesKnieja-richtigdaslinkewarsglaubichdaspüreichnichtsmehr-SiehabengesagtKamillenbäderichhabganz-vergessenwelchezumachenaberstellenSiesichvor-meinrechtesAugeseitheutemorgenhabeichsoein-ZuckenimrechtenAugewassagenSiedaundwasich-IhnenunbedingterzählenmußderFridolindasistder-FrauKratzerihrSohnSiekennenjadieFrauKratzer-diedasBürstengeschäftanderEckehatderihrFridolin-jetzthörenSiegenauzuwasdergemachthatderBengel-wirftmirdochtatsächlichdenBallinsZimmereshat-nichtvielgefehltunddannhättederBallmeine-Kaffeetassegetroffendieschönegroßemitden-gemaltenVeilchendraufunddiewarnochdazuhalb-vollunddasSpielaufdemHofmüssenSieüberhaupt-abschaffenunddasnächsteMalwennerwirklichdie-KaffeetassetrifftodergardenschönenPorzellanhirsch-aufderKommodedannmacheichSiedafür-verantwortlichdafürsindSieKönigdaßsowasnicht-vorkommtundmeineHandtaschewassagenSiejetzt-meineHandtascheistspurlosverschwundenundich-weißauchwerswardieFrauZwickelübermirim-zweitenStockdieundkeineanderedieseunverschämte-PersonachdaseheichjameineHandtascheaufdem-KleiderschrankzwischendenEinmachgläsernbeim-Putzenmußichsiedahinaufgelegthabenunddaß-ichesjanichtvergessederHerrGuggenmoswasdersich-

FASSE DICH
! KURZ!

leistetwenndernachHausekommtdannpfeifterdaß-mansimganzenStiegenhaushörtwennSiedemnichtmalgehörig ..."
Ein kleiner Junge mit drei Sommersprossen auf der Nase war der erste, der's bemerkte. Er streckte den Zeigefinger in die Höhe und rief: „Wie lieb!" Und dann schauten auch die anderen in die Höhe und sahen das Vöglein, das aus dem Zimmer des Königs geflogen kam und davonflatterte, so schnell es konnte.
Als später ein paar Minister den König suchten, weil es schon wieder etwas zu regieren gab, fragten sie bei den Kindern nach. „Nein", sagten diese, „bei uns war er nicht, aber ein allerliebstes Vöglein ist aus seinem Zimmer geflogen." Da rannten die Minister ins Schloß und die Stiege hinauf und in das Zimmer des Königs. Was fanden sie da? Auf dem Tisch lag der Telefonhörer, aus dem ein unentwegtes Schnattern drang. Aber der König? Von ihm war weit und breit keine Spur mehr zu entdecken. Der erste Minister seufzte: „Er war's!" Und der zweite Minister meinte auch: „Kein Zweifel, er hat sich gewünscht, ein Vöglein zu sein!" Und der dritte Minister, der einen Augenblick in den Telefonhörer gehorcht hatte, rief: „Kein Wunder!" und warf den Hörer auf die Gabel, daß es knallte.
Seither lebt in Brombeerhecken, an Gräben und an anderen lustigen, versteckten Plätzen ein fröhlicher, kleiner Vogel, dem sieht man's schon von weitem

an, daß er ein verzauberter König ist. Und manchmal – gar nicht so selten – singt der Zaunkönig sogar mitten im Winter. Wenn knietiefer Schnee liegt, wenn keinem anderen Vogel eine Melodie aus der Kehle kommt, beginnt unser Zaunkönig mit einem Mal zu schmettern, zu jauchzen und zu jubilieren, daß jeder stehenbleibt und fragt: „Was ist in den gefahren?"
Ach, ihm ist nur eingefallen, daß er nicht mehr König ist und sich das Geschnatter von Frau Schnatter anhören muß.

Warum Frau Kuckuck ihre Eier in fremde Nester legt

„Rotkehlchens!" Frau Kuckuck landete außer Atem auf dem Buchenast neben ihrem Mann. „Ich habe Frau Rotkehlchen gesehen, Halme im Schnabel! Kein Zweifel! Rotkehlchens fangen schon mit dem Nest an. Da gehe ich jede Wette ein!"
„Laß sie", entgegnete der Kuckuck gelassen. „Es kommt nicht darauf an, wer sein Nest zuerst fertig hat. Wer das beste Nest baut, der ist ein Mann! – Wir überstürzen nichts!"
„Nein!" sagte die Frau.
„Wir werden ein Nest bauen ..." Der Kuckuck blähte sich auf und rief, als hielte er eine Rede vor versammelter Vogelschar: „Ein Nest, das sich sehen lassen kann!"
„Bestimmt!" rief seine Frau. – „Ich bin gleich wieder da!"
Als sie zur Buche zurückkam, trug sie ein Büschel Halme im Schnabel. „Sieh dir diese Halme an! Ist das nicht Qualität? Als ich sie sah, da habe ich mir gesagt: Die müssen mit! So was läßt man doch nicht einfach stehen! Oder glaubst du vielleicht, diese Halme wären morgen noch dagewesen? Nach so was leckt sich doch jeder alle acht Zehen ab!"
Und schon begann sie, die Halme in einen Zweig zu flechten. Husch, flog sie fort. Husch, kam sie mit neuen Halmen wieder.

So hätte sie ohne Zweifel weitergemacht, heute, morgen, übermorgen. Bis das Nest fertig gewesen wäre.
Doch ihr Mann räusperte sich und sprach: „Was du da machst, Frau, ist grundverkehrt."
„Wirklich", sprudelte seine Frau hervor, „ein Frühlingswetter ist das heute! Ein Nestbauwetter, wie es im Buche steht! So was muß man ausnützen!" Und fort war sie.
Doch als sie zurückkam, saß ihr Mann breit vor dem angefangenen Nest. „Laß dir etwas sagen", sprach er. „So, wie du dir das denkst, geht es nicht. Du baust das Nest viel zu weit außen. Wo hast du deinen Kopf? Bedenkst du denn nicht, daß es auch einmal Sturm geben kann. Stell dir vor: Sturm! Sturm! Die Zweige schwingen auf und ab und hin und her. Und unsere armen Söhne und Töchter im Nest werden durcheinandergebeutelt..."
„Durcheinanderwas?"
„Durcheinandergebeutelt. Hin und her geschleudert, daß ihnen Hören und Sehen vergeht, und womöglich wird eins gar aus dem Nest geworfen! Schon beim Gedanken daran wird mir übel. Nein! Ein Nest so weit außen am Zweig zu bauen, ist heller Wahnsinn!"
„Goldhähnchens drüben in der Fichte..."
„Goldhähnchens! Sind wir Goldhähnchen? Wie kannst du uns mit diesen Wichten vergleichen? Und wenn diese ganze mickrige Sippe dort drüben aus

dem Nest geschleudert wird — ist das ein Schaden? Wir ziehen keine Zwerge auf, das merk dir ein für allemal, wie ziehen Kuckucke auf! Und für Kuckuckskinder ist das sicherste Nest gerade gut genug. — Das Nest wird hier an den Stamm gebaut!"
Die Kuckuckin tat, wie der Kuckuck befohlen hatte. Sie löste die ineinander verwobenen Halme wieder auf und begann damit, das Nest in die Astgabel am Stamm zu bauen.
Doch es dauerte nicht lange, dann hatte Herr Kuckuck einen neuen Einfall: „Übrigens, was Goldhähnchens betrifft. In dem einen muß ich ihnen recht geben: eine Fichte schützt besser als eine Buche. Wir bauen unser Nest auch in die Fichte. An den Stamm natürlich."
Frau Kuckuck baute das Nest in die Fichte. Während sie sich plagte, saß ihr Mann in der Nähe und verfolgte ihr Tun mit gerunzelter Stirn. Hin und wieder machte er einen kleinen Ausflug.
Als er wieder einmal von einem Abstecher zurückkam, seufzte seine Frau erleichtert auf und sprach: „Gleich ist es geschafft!"
„Wie?" rief da der Kuckuck und tat sehr erstaunt. „Du willst doch nicht etwa sagen, daß unser Nest kein Dach bekommt?"
„Ein Dach?" fragte seine Frau erschrocken. „Es geht auch ohne Dach! Haben Buchfinkens ein Dach gebaut? Kernbeißers? Dorndrehers? Goldammers? Bussards?"

„Aber Schwanzmeisens!“ erklärte Herr Kuckuck. „Das genügt! Sollen es unsere Kinder schlechter haben als die Schwanzmeisenkinder? Soll es auf die Kuckuckskinder regnen und vielleicht gar schneien, während die Schwanzmeisenkinder im Trockenen sitzen? Nein, das lasse ich, der Vater, nicht zu! Wir bauen ein Dach!“

„Wir, wir!“ rief die Kuckuckin ärgerlich. „Hast du auch nur einmal eine Zehe gerührt, um mir beim Bau zu helfen? Ich arbeite mich zu Tode, daß unsere Kinder ein ordentliches Nest bekommen, während du, der Vater, herumsitzt und zuschaust!“

„Es genügt nicht, ganz einfach draufloszuarbeiten“, erklärte der Kuckuck. „Ohne sorgfältige Überlegung kann nichts Ordentliches zustande kommen. Die Planung aber, diese schwierige Aufgabe, habe ich auf mich genommen. Und für dieses verantwortungsvolle Amt muß ich klaren Kopf behalten.“

„Ich denke, es ist reichlich genug geplant worden“, stellte Frau Kuckuck fest. „Es wird allmählich Zeit, daß ich mit dem Eierlegen beginne. Entweder, du packst mit an, oder wir lassen das Dach.“

Dem Kuckuck blieb nichts anderes übrig, als seiner Frau beim Nestbau zu helfen. Doch sein Interesse an der Arbeit schien nicht sehr groß zu sein.

„Da hinten klopft einer“, sagte er nach einer Weile.

„Der klopft schon lange“, erklärte seine Frau. „Laß ihn klopfen! Wir müssen uns dranhalten, wenn wir das Dach noch rechtzeitig hinkriegen wollen.“

Der Kuckuck aber rief: „Ich muß doch schnell mal nachschauen!“ Und er schwirrte ab.

„Wo treibst du dich herum?“ rief ihm seine Frau ärgerlich entgegen, als er zurückkam. „Unser Dach!“

„Das Dach kannst du dir schenken!“ erklärte der Kuckuck verächtlich. „Und dieses ganze lächerliche Nest dazu! Wie kann man seine Kinder einem solchen windigen Gebilde anvertrauen! Weißt du, wer dort hinten gearbeitet hat? Der Specht! Er hat eine Höhle in eine Eiche gehauen. Eine Höhle in einer Eiche! Das nenne ich mir eine solide Kinderstube! Alles andre sind Faxen! Wir meißeln uns auch eine Höhle.“

Die Kuckuckin wehrte sich energisch: „Wir können uns keine Experimente mehr leisten. Dafür ist die Zeit zu kurz. Außerdem verstehe ich mich nicht aufs Meißeln.“

„Ja, Meißeln“, erklärte der Kuckuck großspurig, „das ist allerdings etwas anderes als Hälmchen flechten. Da muß ein Mann her! Ich suche jetzt eine ordentliche Eiche. Dann siehst du die Späne fliegen!“

Es dauerte drei Stunden, bis der Kuckuck die geeignete Eiche gefunden hatte. Es war die mächtigste Eiche weit und breit, ein wahrer Baumriese.

Der Kuckuck suchte sich eine Stelle auf der Südseite des Stammes aus. Er bog den Kopf zurück und schlug dann mit voller Wucht mit dem Schnabel zu,

wie er es beim Specht gesehen hatte. Darauf saß er wie betäubt. Es dauerte fünf Minuten, bis er nur imstande war, seinen Kopf zu schütteln. Kein Span war geflogen. Eine winzige Delle in der rissigen Borke der Eiche, das war alles.

„Es muß am Baum liegen“, meinte er kleinlaut. Er versuchte seine Kunst noch an einer Pappel und an einer Weide. Vergebens.

„Fliegen wir zu unserer Buche zurück“, sagte die Kuckuckin. „Ich muß mit dem Eierlegen beginnen. Zu einem Dach haben wir es nicht mehr gebracht. Aber bei anderen muß es auch so gehen.“

Auf der Buche erwartete die beiden eine böse Überraschung. Das verlassene Nest war von Vögeln, die noch Material brauchten, geplündert und abgetragen worden.

„Da haben wir's nun!" klagte Frau Kuckuck. „Alle haben ein Nest, nur wir nicht. So mußte es kommen! Was mache ich nur mit den Eiern? Was mache ich nur?" Am Ende fiel ihr doch noch etwas ein, und sie sagte zu ihrem Mann: „Da du zu sonst nichts taugst, so schrei wenigstens, so laut du kannst."

Und nun schreit der Kuckuck aus Leibeskräften: „Kuck kuck!"

Und während die anderen Vögel schauen, was es denn da zu kucken gibt, legt ihnen Frau Kuckuck heimlich ihre Eier ins Nest.

Mir ist eine Maus entlaufen

Hört, was ich tat.
Ich setzte in die Zeitung
ein Inserat.

MIR IST MEINE MAUS ENTLAUFEN.
EINE MAUS MIT AUGEN SCHWARZ UND LIEB.
WER SIE BEHÄLT, DER IST EIN DIEB.

Da brachten mir heute
fünfundsiebzig Leute
eine Maus ins Haus.

Jetzt habe ich im Häuslein
fünfundsiebzig Mäuslein,
alle mit Augen schwarz und lieb,
alle mit Augen rund und groß.
Alle betteln: Gib, gib!
Was mache ich bloß?

Ich und die Maus

Wer läuft auf vieren?
Der schwarze Kater.
Wer geht spazieren?
Mutter und Vater.
Wer bleibt zu Haus?
Ich und die Maus.

Wir sitzen und plaudern
von tausend Sachen,
Sachen zum Schaudern,
Sachen zum Lachen.
Und was bekommt die Maus von mir?
Ein Stücklein Wurst, ein Schlücklein Bier.

Wer bin ich?

Sag, wer bin ich? Jeder liebt mich,
und auch dir bin ich bekannt.
Einen langen Rüssel hab ich,
doch ich bin kein Elefant.

Reiter tragen, Bäume schleppen,
das kann mein Beruf nicht sein.
Und auch auf den Kampf mit Löwen
lasse ich mich niemals ein.

Keinen Frosch kann ich besiegen.
Ganz gering ist mein Gewicht:
Wenn ich auf den Blüten sitze,
biegen sich die Stiele nicht.

Wenn ich durch die Lüfte fliege,
ist's, als flög ein Blatt dahin.
Aber schön sind meine Flügel.
Und nun sag mir, wer ich bin.

Rätsel

Man muß sich wehren rundherum.
So ist's nun mal, und eben drum
trägt Stacheln, tausend, er als Schutz.
Sonst fräß ihn mancher radibutz.

Der Igel

Rätsel

In Wald und Garten lebt ein Tier,
das macht im Winter zu die Tür.
Geht es im Frühling wieder aus,
bleibt es doch immer halb zu Haus.

Die Schnecke

Mein Haus

Mein Haus ist das schönste
auf der Welt.
Was habe ich alles
hineingestellt?

Der Tisch ist aus Holz,
die Schere aus Stahl.
Der Teller ist rund,
der Spiegel oval.

Wo ist der Saft?
In den grünen Flaschen.
Was ist im Napf?
Etwas zum Naschen.

Was tu ich am Montag?
Da wird gesungen.
Was tu ich am Dienstag?
Da wird gesprungen.

Am Mittwoch
klappere ich mit dem Topf.
Am Donnerstag
stehe ich auf dem Kopf.

Am Freitag
gilt es, Holz zu hacken.
Am Samstag
werde ich kneten und backen.

Kommst du am Sonntag
mich besuchen,
darfst du den Kuchen
auch versuchen.

Ich schaue den Vöglein ins Nest hinein

Professor Wargentin und der kleine Thomas hielten fest zusammen. Sie waren nämlich Nachbarn, und Nachbarn sollen gute Freunde sein.
Wenn Thomas etwas nicht wußte, brauchte er bloß Professor Wargentin zu fragen. Professor Wargentin wußte alles. Nur einmal hatte er ein Weilchen überlegen müssen. Das war gewesen, als ihn der kleine Thomas fragte: „Herr Professor, was weißt du eigentlich nicht?"

Professor Wargentin hatte schon viele Bücher geschrieben. Und jetzt schrieb er wieder an einem neuen, dicken Buch. Wenn er an seinem Tisch saß, war er so in seine Arbeit vertieft, daß er nichts mehr sah und hörte. Da hätte Thomas über die Hecke herüberrufen können, so oft er wollte. Darum hatte ihm Professor Wargentin eine Negertrommel geschenkt, die er vor zwanzig Jahren aus Afrika mitgebracht hatte. Mit solchen Trommeln geben sich die Neger im Urwald stundenweit von einem Dorf zum andern Nachrichten, und eine solche Trommel ist wirklich nicht zu überhören.
Wenn Thomas mit den Fäusten im Takt auf die Trommel schlug, dann ging drüben das Fenster auf, und ein freundliches Gesicht mit einer goldenen Brille schaute heraus. Auf dem Kopf war eine Glatze, aber über jedem Ohr schimmerte noch ein Büschel silberweißer Haare. Das war Professor Wargentin.
Er rief: „Guten Tag, Thomas!“ Dann schloß er das Fenster wieder, und gleich darauf kam er durch den Garten zur Hecke her.
Nun erzählte Thomas, was er auf dem Herzen hatte. Entweder wußte er bei seinen Hausaufgaben nicht mehr weiter, oder er hatte sich mit anderen Buben über eine Frage gestritten, und nun mußte Professor Wargentin entscheiden.
So hatten sie sich einmal unterhalten, wer älter wird, ein Gaul oder ein Karpfen. „Oh“, sagte Pro-

fessor Wargentin, „ein Gaul wird dreißig oder vierzig Jahre alt. Aber ein Karpfen kann älter werden als ein Mensch — hundert, ja sogar hundertzwanzig Jahre!"
Ein andermal wollte Thomas wissen, wie tief das Meer ist. Da schaute ihn Professor Wargentin durch seine goldene Brille an, hob den Zeigefinger und sagte: „Das Meer ist ganz verschieden tief. Es gibt Stellen, da ist es einen Meter tief, und es gibt Stellen, da ist es tausend Meter tief. Im Wasser stehen Berge, so hoch wie die Alpen, und manchmal schauen die Spitzen noch aus dem Wasser, das sind dann die Inseln. Und dann gibt es wieder tiefe, tiefe Schluchten. Dort aber, wo das Meer am tiefsten ist, reicht es mehr als zehn Kilometer weit hinab." Und nun erzählte er gleich noch eine Geschichte, denn er war selber schon in einer Kugel aus Eisen und Glas ins Meer getaucht, bis weit hinunter, wo es leuchtende Fische gibt. Andere Männer hatten ihn von einem Schiff aus hinabgelassen und wieder heraufgezogen.
Eines Tages erlebte Professor Wargentin etwas sehr

Merkwürdiges. Er stand jeden Morgen um sechs Uhr auf, und um sieben Uhr setzte er sich an seine Schreibmaschine, um da weiterzuschreiben, wo er gestern aufgehört hatte. Aber als er heute den letzten Satz las, der da auf dem Papier stand, glaubte er seinen Augen nicht zu trauen. Aufgeregt nahm er seine Brille ab, putzte das letzte Stäubchen fort und setzte sie wieder auf. Aber es half alles nichts. Da stand: *In der Nacht schau' ich den Vöglein ins Nest hinein.*

„Ich doch nicht!" rief Professor Wargentin.

Nein, das konnte er beim besten Willen nicht, zu all den Vogelkindern schauen, die oft ganz oben in den Kronen der Bäume ihr Nest haben. Und darum konnte er das auch nicht geschrieben haben.

Professor Wargentin überlegte. Und je länger er überlegte, um so gewisser wußte er, daß jemand anders in der Nacht auf seiner Schreibmaschine geschrieben hatte. Aber wie war der hereingekommen? Die Haustür war zugesperrt, und auch das Fenster neben dem Schreibtisch war geschlossen. Wer mochte das nur gewesen sein?

Immerfort mußte Professor Wargentin darüber nachdenken. Sonst schrieb er jeden Tag acht Seiten an seinem Buch. Heute brachte er vor lauter Grübeln mit knapper Not sechs Seiten zustande.

Am Abend fiel ihm eine List ein. Er spannte ein neues Blatt Papier in die Maschine und schrieb darauf: *Wie alt bist du?*

Außerdem streute er ganz feinen Sand auf den Boden.

Am nächsten Morgen war nicht die geringste Spur auf dem Fußboden zu entdecken. Aber auf das Blatt war klar und deutlich die Antwort getippt: *Sechsundzwanzig Tage.*

Wer konnte sechsundzwanzig Tage alt sein und den Vöglein ins Nest hineinschauen? Der Professor konnte es nicht erraten. Heute schrieb er nur vier Seiten. Am Abend dachte er sich eine neue Frage aus: *Wie groß bist du?*

Die Antwort, die er am Morgen fand, machte ihn ganz verzweifelt. Da stand nämlich: *Noch kleiner als gestern.*

An diesem Tag schrieb er gar nur zwei Seiten. Als der Abend kam, hatte er alle Hoffnung verloren, daß er jemals selber dahinterkommen würde, wer in der Nacht heimlich an seiner Schreibmaschine war. Darum schrieb er diesmal, so schwer es ihm fiel, geradeheraus die Frage: *Wer bist du eigentlich?*

Am anderen Morgen verlor er vor Aufregung auf dem Gang einen Pantoffel, als er in sein Arbeitszimmer stürzte. Doch, o Enttäuschung, diesmal stand überhaupt keine Antwort mehr auf dem Papier. Am liebsten hätte er sich die Haare gerauft, wenn noch welche auf seinem Haupt gewachsen wären. Vielleicht, daß er nun sein Leben lang das Rätsel mit sich herumtragen mußte. Er konnte es noch gar nicht fassen.

An diesem Tag wurde es Nachmittag, und er hatte noch keine einzige neue Seite an seinem Buch fertiggebracht.
Plötzlich fiel ihm der kleine Thomas ein. Dem hatte er schon oft geholfen – vielleicht, daß diesmal, wo er das erste Mal selber in Not geraten war, der kleine Thomas ihm helfen könnte!
Professor Wargentin ging an die Hecke. Weit und breit war kein Thomas zu sehen.
Professor Wargentin hatte ein altes Posthorn; auf dem hatte vor hundert Jahren ein Postillion geblasen, wenn er mit seiner Postkutsche durchs Land fuhr. Dieses Posthorn holte er und blies ein Lied; es war eine fröhliche Melodie, aber heute kam sie ein bißchen wehmütig heraus.
Gleich darauf kam Thomas drüben ums Eck geschossen. In der Hand hielt er noch ein kleines Segelboot, an dem er eben gebastelt hatte.
„Thomas!" rief Professor Wargentin. „Ein Glück, daß du zu Hause bist! Ich muß dir etwas erzählen. Denk dir, da hat jetzt schon dreimal in der Nacht jemand auf meiner Schreibmaschine geschrieben... Die Tür war zu, das Fenster war zu, und ich komme nicht dahinter, wer es war. Das erste Mal hat er geschrieben: Ich schaue den Vöglein ins Nest hinein. Das zweite Mal..."
„Ob das nicht der Mond war?" fragte Thomas.
Professor Wargentin schaute ihn einen Augenblick mit großen Augen an, daß Thomas ganz bang

wurde. Dann aber schlug er ihm über die Hecke hinweg auf die Schulter und rief: „Wahrhaftig, Thomas, du hast es erraten! Die Schreibmaschine steht neben dem Fenster, und da kann der Mond gerade auf die Tasten scheinen. Nur der Mond kann all den Vöglein ins Nest hineinschauen. Vorgestern war er sechsundzwanzig Tage alt, gestern war er noch kleiner als in der Nacht vorher, denn er war ja im Abnehmen, und heute nacht konnte er keine Antwort mehr geben, denn heute ist Neumond! – Daß ich nicht selbst darauf gekommen bin!"

Vor Freude schenkte Professor Wargentin dem Thomas ein Kästchen mit Glasdeckel, in dem sich ein wunderschöner Schmetterling befand, den er von der Insel Madagaskar mitgebracht hatte.

Professor Wargentin hätte sich gerne noch manchmal mit dem Mond unterhalten. Aber der neue Mond wußte von allem nichts mehr, und es machte ihm, wie es schien, keinen Spaß, auf der Schreibmaschine zu schreiben. Es stand nie mehr ein Wort auf dem Papier.

Ich weiß einen Stern

Ich weiß einen Stern
gar wundersam,
darauf man lachen
und weinen kann.

Mit Städten, voll
von tausend Dingen.
Mit Wäldern, darin
die Rehe springen.

Ich weiß einen Stern,
drauf Blumen blühn,
drauf herrliche Schiffe
durch Meere ziehn.

Wir sind seine Kinder,
wir haben ihn gern:
Erde, so heißt
unser lieber Stern.

Josef Guggenmos – ein Dichter, der für Kinder schreibt

„Wozu die Ohren gut sind", wissen wir genau – warum es also noch erklären? Doch ist es mit dem Hören allein nicht getan; zuweilen sitzt auf Nase und Ohren noch eine Brille (leider geht sie in dem Gedicht auf Seite 46 verloren). Josef Guggenmos fügt in einem anderen Gedicht schalkhaft hinzu: „Ich hab's mit eigenen Ohren gesehn!" Fast möchte man ihm glauben, denn die wunderbaren Überraschungen nehmen in seinen Geschichten kein Ende. Ob es das Gespräch der Fische im See von Tippeltappeltoppel ist, oder ob ein gewisser Herr Bingel seinen Hut verloren hat – stets werden die kleinen und großen Leser feststellen, daß sie auf vergnügte Weise um eine Antwort reicher geworden sind. Die Tatsache, daß die Hühner immer so schief gucken, wenn man mit ihnen spricht – wer hat es nicht schon einmal beobachtet? –, ist nur ein kleines Ereignis in der großen Welt, und doch bewegt es uns nun. So ist es eigentlich immer in den Geschichten und Gedichten von Josef Guggenmos:

Wir finden Spuren von winzigen Dingen (einmal sind es die Spuren einer Maus) und erfahren viel mehr. Was erfahren wir noch? Nun, daß es auf den Standpunkt ankommt, von dem aus man etwas betrachtet. Die winzige Papperlapapp-Geschichte auf Seite 11 ist dafür ein hübsches Beispiel. Es ist der große Vorzug von Josef Guggenmos, daß er wie kaum ein anderer unter den Poeten der Kinderliteratur den scheinbar geringen und kaum beachteten Dingen ein ganz neues Gesicht verleihen kann, und selbst das Gewohnte erfährt manche überraschende Wendung. Das ist seine Kunst: mit scheinbar leichter Hand genau den Kern zu treffen, ohne je so einflußreichen Dingen wie Kritiker- oder Publikumsgeschmack nachzugeben.

Guggenmos spielt auf eine schlichte Art mit der Sprache, stets aber mit dem gleichen Anspruch an die Kunst, wie wir ihn bei Morgenstern, Arp und anderen gewohnt sind. Die Geschichte von der Katze, die ein e zuviel hat, auf Seite 24 ist dafür ein Beispiel. Wenn man sieht, was alles mit so einem kleinen e geschehen kann, dann wird jedem Kind sofort klar, wie lebendig die Sprache ist.

Wie sehr Josef Guggenmos das „Ohr" der Kinder hat, erweist sich immer wieder auf seinen Vortragsreisen. In den Schulklassen möchte man erst einmal – ehe er selbst zu Wort kommt – alle seine Gedichte aus dem Lesebuch aufsagen, und das sind nicht wenige.

Kinder als Publikum sind kritisch. Sie haben ein Ohr für Feinheiten, die der Erwachsene aus seiner Distanz anders sieht. Und sie haben Sinn für Humor (nicht nur für das harmlose Spaßmachen) und genießen wie der Erwachsene die einmalige Situation. So kollert in dem Gedicht „Der dicke Tropfen" eine Träne von Petras Backe. Das wäre nicht weiter aufregend, wenn Petra nicht im fünften Stock wohnte. So fällt die Träne vorbei am vierten Stockwerk und am dritten, zweiten, ersten einem Herrn mit Nelken in den Nacken. Der Herr macht eilig kehrt und kommt nach zehn Minuten wieder, „aber jetzt mit einem Schirm bewehrt." — Das ist jene Situationskomik, durch die — nur etwas dicker aufgetragen — auch ein Charlie Chaplin die Welt begreifen lehrt.

Kindergedichte von der Art, wie Guggenmos sie macht, gehören nicht zu den leider immer noch üblichen „Reim-Maschinen", die man so 'runterrasseln kann. Seine Gedichte haben ihren eigenen Klang und Rhythmus, und der Reim kommt ganz unverhofft und dann um so lieber.

Meine eigene „Entdeckung" dieses Dichters, begann mit einem kleinen, kaum beachteten Heft, das 1956 unter dem blassen Titel „Lustige Verse für kleine Leute" erschien. Ich behielt daraus den Vierzeiler: „Die Muschel / die in der Tiefe wohnt, / birgt eine Perle, / so schön wie der Mond", und war froh, eines Tages ein weiteres Büchlein von Josef

Guggenmos zu finden: „Immerwährender Kinderkalender". Darin fand ich eine Reihe der schönsten deutschen Kindergedichte; sie gehören noch immer zu den besten Kindergedichten, die ich kenne.
Als ich eines Wintertages Josef Guggenmos in seiner Heimatstadt Irsee im Allgäu besuchte, zeigte er mir in seinem Arbeitszimmer ein Aquarium mit Libellen-Larven. Jahre später schickte er mir seinen Vierzeiler von der Libelle: „Daß sie träg als finstere Larve kroch / jahrelang im Tümpel, weiß sie's noch? / Heut, ein funkelnd schöner Edelstein, / schießt sie falkenschnell im Sonnenschein."
Josef Guggenmos ist ein Beobachter der Natur, das spürt man an allen seinen Texten. Er hat die Gabe, genau zu sein. Und das ist wichtig, wenn man für Kinder schreibt.
Selten ist ein Dichter von Kindern *und* Erwachsenen so herzlich und dankbar aufgenommen worden wie Josef Guggenmos. Dabei hat es einige Zeit gedauert, bis er bekannt wurde. Erst sein großer Sammelband mit 123 Kindergedichten, der zum Frühjahr 1967 unter dem schönen Titel „Was denkt die Maus am Donnerstag?" erschien, hat den Namen Guggenmos in fast jede Familie getragen. Seither sind seine Geschichten und Gedichte in vielen Ausgaben und Sammlungen verbreitet. Eine Reihe von Gedichten sind sogar vertont worden. Diese erste Taschenbuch-Auswahl ist eine reizvolle Möglichkeit, den Dichter Josef Guggenmos in möglichst

vielen „Spielformen" kennenzulernen. Dabei wurden leichte, lustige Texte, die auch den Kindern im Vorlesealter gefallen werden, bevorzugt. Es ist eine Auswahl entstanden, die bestätigen mag, daß gute Kindergedichte und -geschichten zugleich allerbeste Literatur sein können. Wünschen wir uns noch mehr davon.

Hans-Joachim Gelberg